THÈSE

POUR LE DOCTORAT

TOURS, IMPRIMERIE DESLIS FRÈRES

FACULTÉ DE DROIT DE POITIERS

DROIT ROMAIN

DES CENTURIES

DROIT FRANÇAIS

DES EFFETS DU JUGEMENT DÉCLARATIF

DE LIQUIDATION JUDICIAIRE

THÈSE POUR LE DOCTORAT

Présentée et soutenue le 13 Mai 1890

Par René GOGUET

AVOCAT

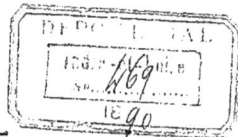

PARIS

L. LAROSE ET FORCEL

LIBRAIRES-ÉDITEURS

22, RUE SOUFFLOT, 22

1890

FACULTÉ DE DROIT DE POITIERS

MM. Thézard (I ⚜), Doyen, professeur de Code civil.

Ducrocq (✳ I ⚜), Doyen honoraire, professeur honoraire, correspondant de l'Institut.

Arnault de la Ménardière (I ⚜), professeur de Code civil.

Le Courtois (I ⚜), professeur de Code civil.

Normand (A ⚜), professeur de Droit criminel.

Parenteau-Dubeugnon (I ⚜), professeur de Procédure civile.

Arthuys (A ⚜), professeur de Droit commercial.

Bonnet (I ⚜), professeur de Droit romain.

Petit (A ⚜), professeur de Droit romain, assesseur du Doyen.

Barrilleau (A ⚜), professeur de Droit administratif.

Brissonnet (A ⚜), professeur-adjoint, chargé du cours d'Économie politique.

Surville, agrégé, chargé du cours de Droit international privé.

Didier, agrégé, chargé du cours d'Histoire générale du Droit français.

M. Coulon (I ⚜), secrétaire, agent comptable.

COMMISSION

Président : M. Arthuys,

Suffragants : MM. Le Courtois, Petit, Surville, agrégé. } Professeurs.

MEIS

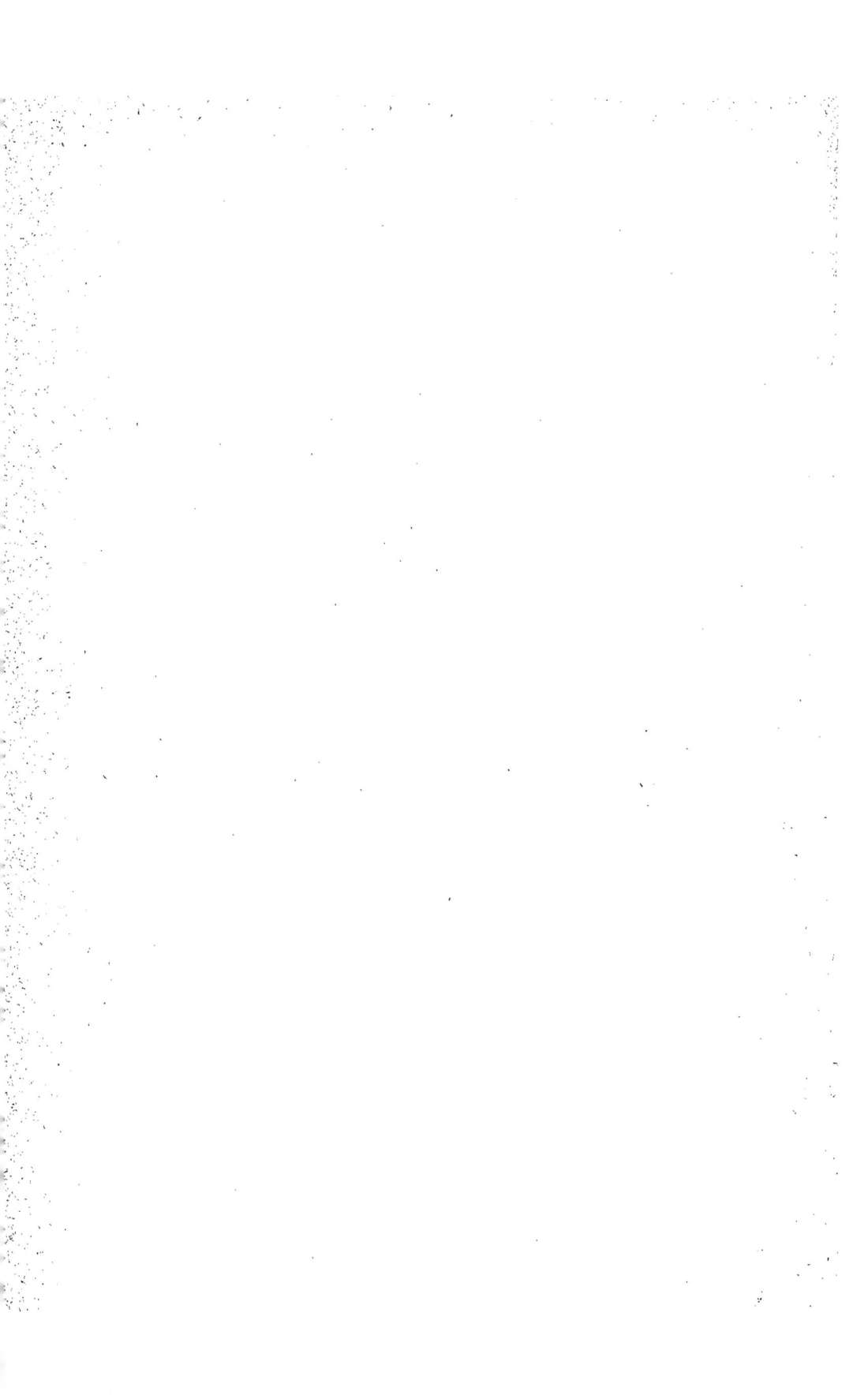

DES CENTURIES

INTRODUCTION

§ 1ᵉʳ. — SERVIUS TULLIUS, CRÉATEUR DES CENTURIES

SOMMAIRE : I. But poursuivi par Servius. — II. Sa légende. — III. Révo-
lutions qui suivirent sa mort.

I. — La légende et l'histoire sont d'accord pour attribuer à Servius Tullius la division du peuple en classes
et en centuries. Mais, tandis que la légende semble
dire que Servius organisa d'une manière complète et
définitive cette institution, l'histoire, éclairée par les manuscrits et les découvertes modernes, estime avec raison que le système conçu par Servius se perfectionna
pendant les premières années de la République, et ne
fonctionna que bien plus tard tel que nous le connaissons
aujourd'hui.

Ce que nous pouvons affirmer, c'est que Servius essaya de remplacer l'État patricien par un État patricio-
plébéien. Avant lui, il n'y a qu'une aristocratie, l'aristocratie de race ; avec lui, à côté de l'aristocratie de
race, vient se placer l'aristocratie de fortune. Avant lui,

la naissance seule établit une distinction entre les citoyens romains ; c'est par la naissance qu'ils sont patriciens ou plébéiens ; avec lui, va apparaître une distribution du peuple en classes. Et cette distribution, toujours la même, qu'il s'agisse de l'impôt, du combat ou des comices, n'a qu'une base, le cens, c'est-à-dire la fortune. Proportionner les droits et les charges de chacun à sa fortune, c'est bien là l'idée qui a présidé à l'organisation des centuries, et cette idée, nous n'hésitons pas à l'attribuer à Servius Tullius. Nous pouvons donc dire que ce roi est le *père des centuries*.

II. — Sa naissance et sa jeunesse sont entourées de légendes [1]. Il ne semble pas avoir eu une bien haute extraction. Son père était peut-être étrusque ; sa mère devait être une femme de Corniculum, ville latine. Il fut élevé à la cour de Tarquin l'Ancien, qui le choisit pour son gendre.

Après le meurtre de son beau-père, au lieu de faire nommer un *interrex* qui aurait pu ne pas le proposer aux comices par curies, il répandit le bruit que le vieux

---

[1] Ovide raconte qu'Ocrisia, prise comme esclave lors du pillage de Corniculum, ville latine, en apportant au génie domestique un sacrifice de gâteaux, vit sur le foyer une manifestation du dieu. L'épouse de Tarquin l'Ancien, Tanaquil, prévenue de ce mystère, après avoir paré Ocrisia du voile de l'hyménée, l'enferma dans la chapelle ; elle y devint mère. Et le poète ajoute que le père de Servius était Vulcain. En effet, dit-il, un jour qu'il sommeillait sous le portique des rois, sa tête fut subitement entourée de flammes, preuve certaine d'après les prêtresses étrusques que le dieu du feu s'intéressait à lui. C'est ce qui lui valut d'être élevé dans le palais de Tarquin comme un enfant royal. La déesse Fortuna, qui l'aimait, s'y introduisait chaque nuit par une étroite fenêtre, et lui accordait ses faveurs. Servius devait, il est vrai, se voiler la tête : *Cœlestemque homini concubuisse pudet* (*Fastes*, VI, vers 575).

roi n'était que blessé. Il put ainsi régner en son nom, et, lorsqu'il fut sûr de la faveur populaire, *Tarquinio sepulto*, dit Tite-Live, *non commisit se patribus, sed populum de se ipse consuluit, jussusque regnare legem de imperio suo curiatam tulit* [1] (an 176 de Rome). Il entreprit alors les importantes réformes que nous nous proposons d'étudier.

III. — Elles lui attirèrent promptement la haine des patriciens. Son gendre, Lucius, revêtu des insignes de la dignité royale, se fit proclamer *rex* par le Sénat et précipita du haut des degrés le vieux monarque accouru en toute hâte. Servius fut mis à mort par ordre du tyran, et sa fille Tullie écrasa son cadavre sous la roue de son char. La tradition ajoute que, lors du convoi funèbre, la vue de l'image du roi réveilla la juste fureur du peuple, et qu'on ne put calmer l'indignation des plébéiens qu'en couvrant d'un voile ce visage aimé.

Servius, qui n'était sans doute pas patricien par naissance, avait donc été assez habile et assez heureux pour s'emparer du trône sans le concours des patriciens. Il devait, par suite, exister entre eux et lui une haine invétérée. C'est pour cela qu'il eut l'idée de modifier si profondément l'organisation romaine et d'affaiblir la caste patricienne.

Tarquin remit en vigueur l'ancienne organisation. Mais le système créé par Servius ne devait pas tarder à être rétabli. Brutus, ayant rappelé au peuple la mort de son bienfaiteur, la royauté fut renversée, Tarquin banni, et les centuries devinrent l'organisation financière, militaire et politique de la nouvelle République.

---

[1] *Annales*, livre I, § 41.

Nous connaissons maintenant l'origine de cette institution. Pour montrer combien elle était populaire, il nous suffira d'ajouter que la mémoire de Servius était si chère aux plébéiens qu'ils célébraient sa naissance tous les jours de nones, la tradition le faisant naître un jour de nones sans indiquer lequel.

§ 2. — DE L'ORGANISATION DU PEUPLE ROMAIN AVANT SERVIUS

SOMMAIRE : I. Division de chaque tribu en dix curies. — II. Importance de cette division. — III. Comment votait-on dans les comices par curies.

I. — Avant l'avènement de Servius, le peuple romain était partagé en trois tribus, tribus à la fois locales et personnelles, ainsi que nous l'apprend Varron : *Ager Romanus primum divisus in partes tres, a quo tribus appellata, Tatiensium, Ramnium, Lucerum : nominatæ, ut ait Ennius, Tatienses a Tatio, Ramnenses a Romulo, Luceres, ut Junius, a Lucumone*[1]. Les Sabins, les Latins et les Lucères ou Étrusques composaient donc chacun une tribu, et chaque tribu se subdivisait elle-même en dix curies.

Cette distribution par curies est essentiellement latine. Car, si nous la trouvons à Rome, nous la retrouvons aussi à Malacca, et dans les municipes des citoyens sortis des villes de l'ancien Latium.

Chaque curie se compose d'un certain nombre de familles ou *gentes*. Les curies nous sont sans doute in-

[1] *De lingua latina,* livre V, § 55.

diquées dans l'ordre des tribus, mais cet ordre n'implique pas une idée de supériorité. La caractéristique de ce système est l'égalité entre toutes les curies, nous ne dirons pas entre tous les curiales; car, à côté des patriciens, nous trouvons les plébéiens et les clients. Tous en effet appartenaient aux *gentes*, et par conséquent tous comptaient dans les curies puisque la curie n'est que l'expression totale d'une certaine quantité de *gentes*.

II. — Willems[1] soutient que cette vieille division a une triple importance, politique, religieuse et administrative. Nous nous permettrons de contester cette dernière. Il est possible que chaque curie dût fournir à l'armée un certain nombre de légionnaires, au Sénat un certain nombre de membres; mais on cherche en vain un système administratif ou financier basé sur la division des *gentes* en curies. Le seul impôt est un impôt de capitation, et la curie n'a point d'organisation corporative.

Isolée, elle ne fonctionne que comme association religieuse. Chaque curie a ses dieux, ses cérémonies, ses fêtes, son *sacerdos curio sacris faciendis:* Θεοὺς ἀποδεικνὺς ἑκάστοις καὶ δαίμονας, οὓς ἔμελλον ἀεὶ σέβειν[2]. Dans le temple, qui s'élève sur le versant du Palatin, chaque curie a un emplacement spécial, et, quand elles sont toutes réunies, «leurs cérémonies religieuses parallèles constituent une cérémonie religieuse collective, accomplie par l'ensemble du peuple régulièrement disposé[3]».

---

[1] *Droit public romain*, page 34.

[2] Denys d'Halicarnasse, *Antiquités romaines*, livre II, § 23.

[3] Mommsen, *Manuel des Antiquités romaines*, tome VI, 1re partie, page 112.

C'est aussi par curies que se réunit le peuple, quand
le roi le convoque pour donner son avis sur des *rogationes*, c'est-à-dire sur des propositions déjà approuvées par
le Sénat.

Ces comices, toujours d'après Denys d'Halicarnasse,
doivent :

1° Ἀρχαιρεσιαζεῖν, c'est-à-dire conférer l'*imperium* au
roi nouvellement élu par la *lex curiata de imperio* ;

2° νομοὺς ἐπικυροῦν, décider des affaires importantes ;
nous ne disons pas voter les lois ; car, à cette époque
primitive, il n'y avait point d'autres lois que l'usage ou
le « *jus sacrum* » ;

3° περὶ πολέμου διαγινώσκειν, se prononcer sur la paix
ou la guerre.

III. — Comment votait-on dans les comices par curies ?
Nous n'avons à cet égard qu'un seul texte. Il est d'Aulu-
Gelle[1] : *Item in eodem libro (Lœlii Felicis) hoc scriptum
est : Cum ex generibus hominum suffragium feratur,
curiata comitia esse ; cum ex censu et ætate, centuriata ; cum ex regionibus et locis, tributa.* Ce passage a
été diversement interprété par les critiques modernes.
Pour Niebuhr, les voix se comptent par *gentes* patriciennes : c'est là le sens du mot « *ex generibus hominum* ».
Chaque *gens* a une voix dans le scrutin de sa curie.
Nous pensons au contraire qu'Aulu-Gelle veut seulement
établir la caractéristique de chaque système de vote.
Dans les *comitia centuriata*, nous dit-il, les citoyens
sont classés d'après leur fortune ; dans les *comitia tributa* d'après leur résidence ; dans les *comitia curiata*,

---

[1] *Nuits attiques*, livre XV, chapitre XXVII.

suivant leur origine nationale (*ex generibus hominum*).
« Les élections des tribuns du peuple », remarque fort
ingénieusement Madwig [1], « furent faites d'abord en
comices par curies ». C'est une preuve certaine en effet
que les plébéiens y avaient le droit de vote.

Parfois sans doute les patriciens étaient convoqués
seuls aux comices par curies : ce n'était point alors
pour voter, mais pour assister comme témoins à certains
actes religieux. Le président de l'assemblée n'était plus
le *rex* ou l'*interrex*, c'était le *pontifex maximus*. Ces
réunions avaient lieu soit pour l'inauguration des rois et
des flamines, soit pour les *testamenta comitiis calatis
facta*, soit pour la *detestatio sacrorum* et l'abjuration
du culte gentilice lors d'une adrogation.

Dans tous les autres cas, les plébéiens prenaient part
aux comices. Comment étaient comptées leurs voix ? C'est
ce que les découvertes modernes ne nous ont pas encore
révélé. L'on ne saurait cependant mettre en doute que
le mode de scrutin, quelqu'il fût, était tout à l'avantage
des patriciens. Ils dominaient complètement la plèbe
asservie par les règles mêmes de la clientèle.

Ce fut la première cause de décadence et d'impopula-
rité de ces comices ; la seconde fut la distribution du
peuple d'après les origines nationales, distribution qui
devenait un non-sens avec la fusion des races et l'arrivée
à Rome d'hommes nouveaux. C'est ce qui explique le
succès rapide des réformes de Servius. Ce prince était
trop habile pour faire disparaître complètement l'ancienne division. Il la laissa subsister à côté de la nouvelle ; il savait bien que le temps ferait son œuvre, et il

---

[1] *État romain*, livre I, page 110.

ne se trompait pas, puisque les comices par curies devaient n'être un jour que la réunion de trente licteurs.

§ 3. — DIVISIONS DU SUJET

L'organisation Servienne, nous l'avons déjà dit, a été
conçue pour répondre à trois nécessités sociales. Son
auteur a voulu qu'elle fût à la fois une division administrative et financière, une division militaire, une division
politique. Mais l'origine même du mot *centuria* nous indique le but principal de Tullus. *Centuria* est un vieux
terme militaire de l'Étrurie dont les rituels prescrivent
*quo ritu... centuriæ distribuantur et exercitus consti-
tuantur* [1].

Les Lucères font connaître le mot à Rome où il paraît
avoir désigné primitivement une troupe de cent hommes
et spécialement de cent cavaliers : *Centuria (significat)
in re militari centum homines* [2].

Il semblerait donc logique d'étudier d'abord les centuries au point de vue militaire : nous n'avons pas cru devoir le faire. Pour bien comprendre le système, il nous
a paru indispensable de connaître certains détails qui
rentrent dans la partie administrative et financière, et
peu convaincus de la vérité du vieil axiôme *bis repetita
placent*, nous avons adopté l'ordre suivant :

Dans un premier chapitre, nous examinerons les centuries au point de vue administratif et financier ;

[1] Festus au mot *rituales*.
[2] Festus au mot *centuria*.

Le deuxième sera exclusivement réservé à la partie militaire ;

Le troisième aux comices ;

Et dans le quatrième, nous chercherons à nous rendre compte de cette grande réforme des centuries, réforme si diversement interprétée par les critiques modernes.

CHAPITRE PREMIER

ÉTUDE DES CENTURIES AU POINT DE VUE ADMINISTRATIF ET FINANCIER

SECTION PREMIÈRE

DES PREMIÈRES RÉFORMES SERVIENNES

§ 1ᵉʳ. — DES TRIBUS SERVIENNES

Sᴏᴍᴍᴀɪʀᴇ : I. Tribus réelles. — II. Tribus personnelles.

I. — Avant Servius les citoyens romains étaient di-tribués en trois tribus d'après leur nationalité. Servius, qui voulait favoriser la fusion des races, divisa la ville en quatre tribus *ex locis*. Ces tribus sont des circons-criptions territoriales, des tribus réelles. Elles ne com-prennent que l'*urbs Roma*, nous voulons dire qu'elles ne s'étendent pas au-delà du *pomerium*.

On les appelle *Succusana* ou *Suburana; Palatina; Esquilina; Collina*[1].

Elles sont étroitement liées à la propriété foncière individuelle. Cette propriété en effet ne s'étendit d'abord qu'aux maisons (*insulæ*) et aux jardins qui en dépendent. Les champs étaient sans doute susceptibles de propriété, mais seulement de propriété collective. Chaque *gens*

---

[1] Pline l'Ancien, *Histoire naturelle*, livre XVIII, § 3.

possédait une certaine quantité de terres, distincte du territoire appartenant aux autres *gentes;* mais cette propriété de la *gens* ne se divisait pas entre les différents membres qui la composaient. Peu à peu la propriété individuelle s'étend, la vieille distinction entre les immeubles urbains et les immeubles ruraux disparaît: tous peuvent être l'objet d'une propriété *ex jure quiritum.* D'un autre côté l'*ager publicus* est augmenté par la conquête: *Tribus quatuor ex novis civibus additæ*[2]. On le partage entre les citoyens romains. Et successivement à côté des quatre tribus urbaines s'établissent trente et une tribus rustiques, tirant presque toutes leur nom des *pagi* ou *vici* qui y sont contenus. C'est ainsi que l'on compte trente-cinq tribus en l'an 513.

II. — Ce court exposé réfute suffisamment l'opinion généralement suivie et qui consiste à prétendre que tous les citoyens sans exception, propriétaires ou non propriétaires, firent dès l'origine partie des tribus. La tribu personnelle n'est qu'une émanation de la tribu réelle. « C'est, » comme le dit Mommsen[3], « l'ensemble des droits et des devoirs qui résultent pour le citoyen de sa tribu réelle. » Et si les enfants ont une tribu personnelle du vivant de leur père, c'est en vertu du grand principe de la copropriété familiale.

Appius Claudius le premier (an 442 de Rome) chercha à séparer absolument la tribu personnelle de la propriété foncière: cette dernière ne fut plus exigée que pour faire partie des tribus rustiques, et, par suite au milieu du

---

[2] Tite-Live, *Annales*, livre VI, § 5.
[3] *Manuel des Antiquités romaines*, tome VI, 1re partie, page 203.

vᵉ siècle, tous les citoyens furent tribules. C'est ce qui nous explique la prépondérance des tribus rustiques sur les tribus urbaines.

Même avant Appius Claudius les censeurs ou les citoyens avaient dû parfois assigner ou choisir une tribu personnelle. Celle-ci en effet est nécessairement simple; et ceux, qui possédaient des immeubles dans différentes tribus réelles, ne pouvaient compter pour la perception de l'impôt et pour le recrutement que dans l'une des tribus où ils étaient propriétaires. Mais avec Appius Claudius les pouvoirs des censeurs devinrent bien plus considérables. Ils purent infliger à un propriétaire rural le déshonneur de descendre dans une tribu urbaine ; ils établirent même entre ces dernières une différence de considération et y versèrent les non-propriétaires d'après leur position et leur profession.

§ 2. — LE CENS

En même temps qu'il partageait la ville en quatre tribus, Servius instituait le cens : « *Censum Servius Tullius instituit, rem saluberrimam tanto futuro imperio, ex quo belli pacisque munia, non viritim ut ante, sed pro habitu pecuniarum, cives fierent* [1].

« C'était », nous dit M. Giraud[2], « une revision morale et physique des capacités électorales, au moyen d'une espèce de cadastre, qui avait une valeur civile en justice. »

---

[1] Tite-Live, *Annales*, livre I, § 42.
[2] *Histoire du Droit romain*, page 52.

Dans ce cadastre ou tableau, chaque famille avait un chapitre spécial « *caput* ». Le chef de la *gens* patricienne ou de la *stirps* plébéienne, après avoir prêté serment devant le magistrat, lui indiquait le nombre des personnes qui composaient sa famille, la valeur et la quantité des biens qui étaient sa propriété : tous ces renseignements étaient inscrits dans le *caput*. Et Servius, n'ayant pas pleine confiance dans le serment, avait ordonné la confiscation de tous les biens omis.

L'opération terminée, le roi passait le peuple en revue dans le Champ de Mars ; le *Pontifex maximus* le purifiait par une lustration et tous les cinq ans la même solennité devait se reproduire : d'où le nom de lustre pour désigner un espace quinquennal.

On put ainsi connaître à des époques fixes et périodiques la population de Rome et la fortune de ses citoyens : eux seuls avaient en effet le droit de figurer sur le cens. Et c'est ce qui explique cet affranchissement *censu* dont il est si souvent question dans les auteurs latins. En inscrivant un esclave sur le registre du cens, on le mettait au nombre des hommes libres.

Nous ne savons si cette institution est une pure conception de Servius, ou s'il l'avait empruntée à quelque ville latine ou étrusque. Nous trouvons bien à Athènes une opération analogue organisée par Solon. Mais il semble difficile d'admettre qu'elle ait inspiré notre réformateur, puisque, s'il faut en croire les critiques, les constitutions grecques ne furent connues que bien plus tard en Italie.

SECTION II

DES CLASSES ET DES CENTURIES

C'est le cens qui va permettre à Servius d'établir sa division par classes et centuries. L'ensemble des citoyens imposables forme l'*exercitus urbanus ;* et l'*exercitus urbanus* comprend des centuries de chevaliers (*equites*) et des centuries de fantassins (*pedites*).

§ 1ᵉʳ. — DES CENTURIES DE CHEVALIERS

SOMMAIRE : I. Origine des centuries de chevaliers. — II. Introduction des plébéiens dans ces centuries. — III. Du cens équestre. — IV. De l'Equus publicus. — V. Du nombre des chevaliers.

I. — Au premier rang de l'organisation Servienne se trouvent les dix-huit centuries de chevaliers. Ces dix-huit centuries existaient-elles avant Servius, ou ont-elles été créées par lui ? — C'est ce que nous allons voir en étudiant l'histoire de la cavalerie sous Romulus et ses successeurs.

Festus, Denys d'Halicarnasse, Servius sont d'accord pour fixer à trois cents le nombre primitif des cavaliers romains. Ce chiffre se rapporte sans doute à l'époque de la cité tri-unitaire, et la logique permet de supposer que la cité primitive ne comptait que cent cavaliers.

Leur nom technique devait être *celeres : Celeres anti-*

qui dixerunt quos nunc equites dicimus[1]. Tite-Live
seul, parmi les Latins, compte à côté des trois cents cavaliers, trois cents CELERES, qui auraient constitué la
garde de corps des rois : ce doit être là une confusion et
Plutarque [2], qui a suivi ce système, est obligé pour le
rendre vraisemblable d'ajouter que Numa avait dissous
cette garde. Il fallait bien en effet expliquer ce qu'étaient
devenus ces *celeres*, dont on ne trouve plus trace dans
l'histoire. Mieux vaut s'en tenir au système de Festus,
qui est aussi celui de Pline l'Ancien, de Denys d'Halicarnasse et de Servius.

Ces centuries comme les tribus primitives et pour les
mêmes motifs s'appelaient *centuriæ Ramnensium, Ti-
tiensium* et *Lucerum* [3].

Le nombre des cavaliers ne devait pas tarder à s'augmenter ; mais c'est une question très controversée que
celle de savoir quels furent sur ce point les réformateurs
et quelles furent les réformes.

Tarquin l'Ancien, tout le monde est d'accord, conçut
le projet de doubler le nombre des centuries et de donner aux trois nouvelles des noms rappelant le sien et ceux
de ses amis. L'augure Attus Navius s'y opposa énergiquement. Romulus, prétendait-il, ayant institué les centuries d'après les auspices, l'agrément des auspices était
nécessaire pour les modifier. Tarquin irrité lui ordonna
d'examiner si l'idée qui obsédait alors son esprit était ou
non susceptible d'exécution. Attus contempla le ciel et
donna une réponse affirmative. Le roi lui présenta une

[1] Festus, *Épitome*, page 55.
[2] Romulus, § 26. — Numa, § 7.
[3] Tite-Live, *Annales*, livre I, § 13.

pierre et un rasoir, en lui disant de fendre la pierre, ce que l'augure fit aussitôt.

Convaincu par ce qui lui semblait un signe des dieux, Tarquin ne créa point de nouvelles centuries avec des noms nouveaux, mais aux *priores*[1] ou *primi*[2] Titienses, Ramnes, Luceres, il ajouta les *posteriores*[3] ou *secundi*[4]. Il doubla en un mot le nombre des cavaliers. Mais quel était ce nombre?

S'il faut admettre l'opinion de Niebuhr, c'était le chiffre primitif de trois cents. Beaucoup d'auteurs croient à un second doublement par le même Tarquin après la guerre contre les Èques. Ils s'appuient sur un texte de Cicéron qu'ils lisent ainsi :... *Prioribus equitum partibus secundis additis MacCC fecit equites numerumque duplicavit, postquam bello Æquos subegit*[5]. D'après eux, lors de l'avènement de Servius, il y aurait eu douze cents cavaliers romains. Niebuhr au contraire interprète ce passage de Cicéron, en disant qu'aux six cents cavaliers romains, Tarquin adjoignit six cents cavaliers latins, mais qu'en réalité, à l'avènement de Servius, il n'y avait que six cents citoyens faisant partie de la cavalerie.

Nous n'admettrons ni l'une ni l'autre de ces solutions. Nous croyons à une erreur de copiste. Le manuscrit porte sans doute *Maccc fecit equites*. Mais cette tournure est au point de vue de la langue inadmissible. Cicéron, le puriste par excellence, s'il avait voulu parler

---

[1] Cicéron, *De republica*, livre II, § 20.
[2] Festus, *Épitome*, page 344.
[3] Tite-Live, *Annales*, livre I, § 36.
[4] Cicéron, *Festus*, *loc. cit.*
[5] Cicéron, *De republica*, livre II, § 20.

de douze cents cavaliers, aurait dit *MCC fecit equites.*
Cet *ac* n'est point une tournure cicéronienne. Et il est
plus logique de supposer que le copiste a oublié un trait
de plume et de lire *Mdccc fecit equites.* On s'explique
ainsi que quelques lignes plus haut, l'auteur de la République déclare que *L. Tarquinius equitatum ad hunc
morem constituit qui usque adhuc est retentus,* c'est-à-
dire qu'il établit dix-huit cents chevaliers. C'est aussi
l'avis de Tite-Live : *neque tum Tarquinius de equitum
centuriis quicquam mutavit, numero tantum alterum
adjecit, ut mdccc* (dans le meilleur manuscrit, *m et ccc*
dans les inférieurs) *equites in tribus centuriis essent* [1].

Cicéron ajoute *numerumque duplicavit.* Avant Tarquin, il y avait donc neuf cents cavaliers partagés en
trois centuries. Et il faut que les trois centuries primitives de cent hommes chacune, ou les dix *turmæ* de
trente aient été triplées à deux reprises par l'établissement de dix nouvelles *turmæ* sans changement du
chiffre des centuries.

Or Tite-Live nous dit qu'après la chute d'Albe : *Tullus
Hostilius equitum decem turmas ex Albanis legit* [2].
Quant à la date de la création des dix autres *turmæ*, il
est impossible de la préciser, nous n'avons aucun ren-
seignement à cet égard.

La conséquence de notre argumentation est que la
réforme de Servius n'a pas été si radicale qu'on a bien
voulu le dire. Niebuhr s'est donc trompé en soutenant
qu'il avait triplé le nombre des chevaliers. Et l'on
ne saurait approuver davantage l'opinion de ceux qui
veulent qu'il ait porté ce nombre de douze cents à dix-

---

[1] *Annales,* livre I, § 36.
[2] *Annales,* livre I, § 30.

huit cents. Je sais bien qu'en faveur de ce dernier système on invoque un passage de Festus : *Sex suffragia appellantur in equitum centuriis quæ sunt adjectæ ei numero centuriarum quas Priscus Tarquinius rex constituit* [1]. Mais comment admettre que Servius trouva douze centuries ? Que signifierait alors la légende d'Attus Navius ? Et n'est-il pas irrationnel que les anciens noms de tribus soient attribués aux nouvelles centuries.

Le témoignage de Festus, qui vivait au IIIe siècle de l'ère chrétienne, a moins de valeur que celui des auteurs classiques ; et, puisqu'il est en contradiction avec eux, nous ne pouvons hésiter. Le texte de Cicéron cité plus haut ne laisse aucun doute : le nombre des chevaliers est resté le même que sous Tarquin. Mais les six centuries de trois cents hommes chacune ont été transformées par Servius en dix-huit centuries de cent hommes. Voilà pourquoi Cicéron dans un récit, dont le temps ne nous a conservé que les derniers mots, considère Servius comme le créateur des dix-huit centuries : *duodeviginti censu maximo* [2]. Tite-Live au contraire, voyant que les anciens noms ont été réservés à six d'entre elles, n'attribue à ce prince que la création de douze centuries : *Equitum ex primoribus civitatis duodecim scripsit centurias : sex item alias centurias tribus a Romulo institutis sub iisdem quibus inauguratæ erant nominibus fecit* [3].

II. — Si Servius n'augmenta pas le nombre des chevaliers, il modifia du moins la composition de la cavale-

---

[1] *Épitome*, page 334.
[2] *De republica*, livre II, § 22.
[3] *Annales*, livre I, § 43.

rie. Dans l'état patricien, le plébéien ne pouvait servir qu'à pied ; dans l'état patricio-plébéien, on choisit : τὸ δὲ τῶν ἱππέων πλῆθος ἐκ τῶν ἐχόντων τὸ μέγιστον τίμημα, καὶ κατὰ γένος ἐπιφανῶν [1].

Plébéiens et patriciens peuvent alors servir dans la cavalerie. Nous croyons cependant que sous Servius les six centuries qui conservèrent les anciens noms furent réservées aux patriciens. Les auteurs latins les distinguent avec soin des douze autres. En parlant du vote des dix-huit centuries, Cicéron s'exprime ainsi : *equitum centuriæ cum sex suffragiis* [2].

Quant aux *equitum centuriæ* ou *duodecim centuriæ equitum* [3], aucun vestige n'indique qu'elles aient jamais été réservées légalement aux plébéiens. La date de cette institution suffit pour condamner une telle opinion. Mais en fait, il est probable qu'elles ont toujours été exclusivement plébéiennes.

La réforme eut donc pour résultat de réduire de dix-huit cents à six cents le nombre des patriciens faisant partie de l'ordre équestre. Et l'on s'explique ainsi que Denys d'Halicarnasse parle de τὸ πλῆθος ἱππέων : Servius dut faire un choix aussi bien pour les *sex suffragia* que pour les *equitum centuriæ*. Niebuhr au contraire ne peut expliquer ce texte, puisqu'il estime que les six anciennes centuries n'ont pas été modifiées, et doit supposer une erreur de copiste.

III. — Les cavaliers étaient choisis parmi les plus considérés et les plus riches. Mais était-il néces-

---

[1] Denys d'Halicarnasse, *Antiquités romaines*, livre IV, § 18.
[2] *De republica*, livre II, § 22.
[3] Tite-Live, *Annales*, livre XLIII, § 16.

saire de posséder un certain chiffre de fortune pour faire partie des centuries de chevaliers, en d'autres termes Servius établit-il un cens équestre ?

Plusieurs l'ont soutenu. Mais ils sont loin d'être d'accord sur le minimum de fortune exigé. Certains s'appuyant sur un texte de Pline l'Ancien : *Maximus census CXXM assium fuit illo rege* [1], fixent ce minimum à cent vingt mille as.

D'autres au contraire raisonnent par analogie et prétendent que le cens équestre a toujours été quadruple de celui de la première classe, comme il l'était à la fin de la République.

Madwig se montre moins téméraire : « Sur l'ensemble des citoyens romains », dit-il, « on choisissait d'abord parmi ceux de la plus haute condition qui payaient plus d'un certain chiffre d'impôts, un nombre déterminé d'hommes qui devaient servir dans la cavalerie, et qui, répartis en dix-huit centuries, comprenaient tous les sénateurs, mais non pas tous les citoyens possédant la fortune nécessaire : car on tenait aussi compte des aptitudes personnelles..... Les renseignements que nous possédons ne nous indiquent pas toutefois quel était le minimum de fortune exigé [2] ? »

Ce système donne lieu à de graves objections. Tandis que les fantassins devaient s'équiper à leurs frais, les cavaliers recevaient dans ce but une double dotation l'*æs equestre* et l'*æs hordiarium*, que nous étudierons un peu plus loin. Cette dotation pourrait-elle se comprendre si les richissimes seuls avaient pu faire partie de la cavalerie ?

[1] *Histoire naturelle*, livre XXXIII, § 13.
[2] *État romain*, tome I, page 122.

Voici la réponse de Madwig: le service à cheval constitue une charge très lourde. Les preuves en sont nombreuses: le cavalier a toujours droit à une triple part de butin, tandis que le centurion ne touche que le double du simple légionnaire. La dispense de l'*equus publicus* est considérée comme un avantage pécuniaire puisque Tite-Live cite un sénatus-consulte par lequel comme récompense on garantit à un certain P. Æbutius : *ne militaret neve censor ei equum publicum assignaret.* D'un autre côté le cens équestre du père donne accès dans les centuries de chevaliers à tous ses fils, dès qu'ils ont l'âge de porter les armes et sans qu'ils aient une fortune personnelle. Il est donc nécessaire de leur fournir quelques ressources pour subvenir aux frais considérables de leur équipement.

Écartons d'abord de la discussion ce dernier argument. Comment les fils de chevaliers pouvaient-ils faire partie des centuries équestres? Il y a là un anachronisme inexplicable. Ces dix-huit centuries sont sans doute l'origine de cet ordre qui devait se placer plus tard entre celui des sénateurs et les plébéiens. Mais, à l'époque de Servius, le Romain n'est point chevalier par naissance ; il l'est par la volonté du *rex*, chargé de faire le recensement. Le nombre des chevaliers est invariable, personne ne le conteste. Or en serait-il ainsi si tous les fils de chevaliers, dès l'âge de dix-sept ans, étaient eux aussi chevaliers.

Le premier argument de Madwig ne doit pas nous retenir plus longtemps. Le texte de Tite-Live, qui vise un cas spécial, est contredit par un grand nombre d'autres textes, et surtout par ce fait que dans l'état patricien, les patriciens s'étaient réservé le droit exclusif de servir dans la cavalerie. Ils considéraient donc ce service comme un avantage et non comme une charge.

Quant à cette triple part de butin attribuée au cavalier, elle nous semble plutôt favorable que défavorable à notre système : c'est une compensation pécuniaire, et nous sommes en droit de supposer qu'elle est nécessaire à celui qui la reçoit.

La première objection formulée par nous subsiste donc dans toute sa force. En voici une seconde qui est restée sans réponse. S'il y avait eu dès le principe un cens équestre, il aurait sans nul doute été intercalé dans le récit de l'organisation servienne, et aurait été transmis avec lui, tandis qu'on nous parle seulement en termes généraux du choix des chevaliers parmi les citoyens les plus riches et les plus considérés. Nous avons déjà cité le texte de Denys d'Halicarnasse (page 19). Il en est un autre de Tite-Live. Et Zonaras rapporte que pour récompense du mérite les censeurs pouvaient faire monter au rang des chevaliers le plus vulgaire plébéien.

Madwig a fait une erreur de date. Disons donc avec Niebuhr et Mommsen que le cens équestre légal n'a été établi que vers le milieu du IVe siècle. Alors à côté des cavaliers *equo publico* viennent prendre place les cavaliers *equo privato*. On devient chevalier par naissance : à la fin de la république, le cens équestre est de quatre cent mille sesterces. Cette distinction résulte d'ailleurs d'un passage de Polybe : το`ς ἱππεῖς τὸ μὲν παλαιὸν ὑστέρους εἰώθεσαν δοκιμάζειν ἐπὶ τοῖς τετρακισχιλίοις διακοσίοις. νῦν δὲ προτέρους, πλουτίνδην αὐτῶν γεγενημένης ὑπὸ τοῦ τιμητοῦ τῆς ἐκλογῆς [1].

---

[1] *Histoire générale*, livre VI, § 20.

IV. — En quoi consiste la dotation du chevalier ? Il reçoit à son entrée au service, pour l'acquisition de son cheval, l'*æs equestre* ; et chaque année il a droit à l'*æs hordiarium* ou indemnité de fourrage.

Ce n'est point le trésor qui verse directement ces différentes sommes aux bénéficiaires. Un texte de Gaïus nous montre que le payement était fait sinon par les contribuables du moins par le percepteur 'de l'impôt. Nous entendons ici par contribuables les « orbi » et les « viduæ ». Les premiers étaient chargés de l'*æs equestre*, les seconds de l'*æs hordiarium*. C'est ce que dit Cicéron en parlant de l'organisation de la cavalerie par Tarquin : *Atque etiam Corinthios* (Tarquin était d'origine corinthienne) *video publicis equis adsignandis et alendis orborum et viduarum tributis fuisse quondam diligentes* [1]. Nous devons reconnaître cependant que Tite-Live, d'accord avec Cicéron en ce qui concerne les *viduæ*, semble considérer le payement de l'*æs equestre* comme une charge du trésor : *Ad equos emendos dena millia æris ex publico data, et quibus equos alerent, viduæ attributæ, quæ bina millia æris in annos singulos penderent* [2].

L'*æs equestre* était donc de dix mille as et l'*æs hordiarium* de deux mille. Nous ne discuterons pas ici la question de savoir de quels as il s'agit, et dirons seulement que ces chiffres doivent être en corrélation avec ceux donnés par Tite-Live pour le cens servien. Ceux qui pensent qu'il est ici question d'*asses liberales* estiment que l'*æs equestre* représente huit cent soixante-quinze francs, et l'*æs hordiarium* cent soixante-quinze.

[1] *De republica*, livre II, § 20.
[2] *Annales*, livre I, § 43.

Nous ferons aussi un renvoi à la section II de notre chapitre. Un texte de Festus assimile en effet ces deux impôts au *tributum*. L'étude du *tributum* nous permettra par suite de dire s'il s'agit d'une véritable dette des *orbi* et *viduæ*, ou s'il n'y a là qu'une avance remboursable quand les *vectigalia* le permettent.

Cette double allocation est désignée par le mot *equus publicus*, ce qui ne veut pas dire que les chevaux des cavaliers appartiennent à l'État. Les vieilles institutions romaines, comme celles de tous les anciens peuples considèrent que le soldat doit s'équiper à ses frais. Le service dans la cavalerie entraîne une augmentation de charges : cette augmentation sera supportée par le peuple. Les citoyens sans ressources pourront ainsi, si leurs vertus et leurs qualités les en rendent dignes, être classés parmi les chevaliers ; ce titre ne sera donné qu'au mérite. Mais le principe de l'équipement personnel ne sera pas pour cela violé. Ce sera le chevalier qui se procurera lui-même le cheval, le harnachement, les armes ; ce sera lui qui achètera son fourrage. La preuve en est dans l'ordre donné par les censeurs à celui qui est renvoyé du service *equum publicum vendere* [1]. Seulement lors de la revue quinquennale les censeurs examineront avec soin l'état du cheval et l'équipement du cavalier.

Celui-ci paraît avoir supporté la perte de son cheval, et c'est sans doute par une faveur spéciale que l'État remplaça au grand-père de Caton les cinq chevaux qu'il avait perdus à la guerre [2].

Ce service prenait fin à l'âge de quarante-cinq ans :

---

[1] Tite-Live, *Annales*, livre XXIX. § 37.
[2] Plutarque, *Cato Major*, § 1.

les dépenses considérables nécessitées par lui, la difficulté d'employer ce corps pour la défense de la ville ne
permettaient pas la création d'une réserve ; en un mot,
pour nous servir d'expressions qui nous seront plus fa-
milières, la distinction entre les *seniores* et les *juniores*
était spéciale à l'infanterie.

L'*æs equestre* était acquis à celui qui accomplissait
son temps de service. Mais pour des raisons spéciales
les censeurs pouvaient inviter le cavalier jeune encore
à se défaire de son cheval. L'*æs equestre* devait-il alors
être restitué à l'État ? D'après Cicéron, Pompée, nommé
inopinément consul l'an 70 de Rome et devenu par là
même sénateur, rendit avec ostentation son *equus publicus*.
Était-ce un acte de générosité du nouveau consul, ou
l'accomplissement d'une obligation légale? Cicéron ne le
dit point : nous proposerions une distinction.

Chaque fois que l'ordre de vente constitue une peine
pour celui qui le reçoit, l'*æs equestre* doit être restitué,
soit en totalité, soit en partie. Des blessures reçues à la
guerre rendent-elles impossible à un citoyen la continuation du service, l'*æs equestre* ne lui en est pas moins
acquis. En un mot, la restitution dépend uniquement du
motif qui a inspiré l'ordre des censeurs dont les pouvoirs
en ces matières devaient être comme toujours très
étendus.

V. — L'*equus publicus* constituait un impôt très onéreux. Cet impôt ne permettait pas d'augmenter le nombre
des cavaliers. Et la centurie équestre, depuis la réforme
servienne, resta ce qu'elle était sous Romulus une troupe
de cent hommes commandée par un centurion. Cicéron
et Tite-Live affirment le maintien invariable de ce chiffre

de dix-huit cents soldats pourvus du cheval public
depuis le temps des rois jusqu'au viie siècle. Les dix-
huit centurions étaient sans doute compris dans ce
nombre. Nous possédons deux fragments d'une harangue
où Caton l'Ancien cherche à persuader au Sénat : *ut
plura æra equestria fierent.* Il voulait élever le nombre
des cavaliers à deux mille deux cents. La centurie de
fantassins avait été portée à cent vingt hommes. Caton
se proposait sans doute d'assimiler au point de vue du
chiffre normal les différentes centuries. Nous disons
chiffre normal : car dans l'infanterie le chiffre effectif est
essentiellement variable. La centuriation s'y continuait,
même après que le nombre normal était atteint jusqu'à ce
que tous les citoyens, en condition de servir, eussent été
classés.

Différence essentielle! Les *centuriæ equitum* com-
prennent des hommes en service effectif; les *centuriæ
peditum* des hommes aptes à une certaine catégorie de
services, et entre lesquels le magistrat doit faire un choix
chaque année pour constituer la centurie militaire. Voilà
l'explication de ce passage de Q. Cicéron : *Jam equitum
centuriæ multo facilius mihi diligentia posse teneri
videntur; primum cognoscito equites : pauci enim sunt* [1].
Il était bien plus facile de capter les suffrages des chevaliers, puisque le droit de vote se restreignait aux dé-
tenteurs du cheval public.

Et la conséquence pratique du système, c'est que la
voix du cavalier, c'est-à-dire de l'homme riche et considéré a beaucoup plus de poids dans les comices que celle
du fantassin, même de la première classe.

---

[1] *Commentariolum petitionis*, livre **VIII**, § 33.

§ 2. — DES CENTURIES DE FANTASSINS

Les fantassins, *pedites*, sont divisés en cinq classes et en un certain nombre de centuries. Je dis en un certain nombre : car, nous le verrons, les auteurs sont loin d'être d'accord sur le nombre des centuries.

I. — Pour être *assiduus* (de *assem dare*), c'est-à-dire pour être citoyen de l'une des cinq classes, deux conditions sont nécessaires :

L'inscription pour un certain chiffre de fortune sur le registre du cens ;

L'absence d'indignité.

Occupons-nous d'abord de la première.

a) — Le minimum du cens de la première classe, si l'on en croit Tite-Live[1] et Polybe était de cent mille as.

Pline l'Ancien [2] au contraire le fixe à cent vingt mille, et son témoignage est corroboré par celui de Festus : *Infra classem significantur qui minore summâ quam centum et viginti millium æris censi sunt.*

---

[1] *Annales*, livre I, § 43.
[2] *Histoire naturelle*, livre XXXIII, § 3.

Pour Aulu-Gelle : *Classici dicebantur non omnes qui in quinque classibus erant, sed primæ tantum classis homines qui centum et viginti quinque millia æris ampliusve censi erant* [1].

Cette opinion d'Aulu-Gelle doit être tout d'abord écartée. Il résulte en effet de la suite du texte que la version est empruntée : *in M. Catonis oratione qua Voconianam legem suasit*. Or c'est à la même source qu'a puisé Festus. Il y a par suite erreur de chiffre chez l'un ou chez l'autre, et le témoignage de Pline permet de supposer qu'elle existe chez Aulu-Gelle.

Cette observation faite, l'opinion de Tite-Live est seule exacte. Ce dernier s'est inspiré de la relation de la Constitution de Servius, et la confusion de Pline et de Festus est facile à expliquer. Au vi° siècle de Rome, on fit remise aux citoyens dont la fortune était de moins de cent vingt mille as de l'équipement coûteux de la première classe. Cette réforme, sans modifier le nombre des centuries de cette classe, exerça peut-être sur leur composition une certaine influence ; de là l'erreur de nos deux historiens.

Tous ceux qui possèdent ce cens de cent mille as sont des citoyens aptes au service complet, des *classici*, ainsi que le disent les textes que nous venons de citer. Tous les autres sont *infra classem*. Telle n'est pas évidemment l'opinion unanime, mais telle est bien l'expression juste, ainsi que nous le prouverons en montrant ce qu'est la *classis* au point de vue militaire.

Les chiffres des trois classes suivantes, soixante-quinze mille as pour la seconde, cinquante mille pour la

---

[1] *Nuits attiques*, livre VI, chapitre XIII.

troisième, vingt-cinq mille pour la quatrième ne sont discutés par personne.

Trois versions au contraire relativement à celui de la cinquième. Celle de Polybe, qui fixe ce chiffre à quatre mille as ; celle de Tite-Live, qui le fixe à onze mille ; celle de Denys d'Halicarnasse, qui le fixe à douze mille cinq cents.

Nous adoptons cette dernière : les critiques modernes ont rejeté depuis longtemps l'opinion de Polybe, qui fait allusion à une réforme de son temps, par laquelle on étendit le service militaire aux citoyens possédant plus de quatre mille as. Et Niebuhr fait observer avec raison que, d'après l'égalité de la progression établie, l'indication de Denys d'Halicarnasse ne saurait être mise en doute. Tite-Live, ajoute-t-il, aura lu quelque part qu'il existait une différence de onze mille as entre la cinquième classe et les prolétaires, c'est-à-dire ceux ayant quinze cents as, et il aura pris cette différence pour le cens de la dernière classe.

b) — Les chiffres que nous venons de citer indiquent le minimum non pas des revenus, mais de la fortune recensée. Le fait est certain : la difficulté est de savoir quels objets entraient en ligne de compte pour établir la fortune de chacun.

Niebuhr s'est souvenu de la division des *res mancipi* et des *res nec mancipi*, qui semble avoir été dans les premiers âges de Rome la distinction réellement importante, les choses *mancipi* étant seules susceptibles de se transmettre par la mancipation, et la mancipation pouvant seule transférer une propriété véritable. D'après notre critique, pour le cens le magistrat ne s'occupe que des *res mancipi*, c'est-à-dire *prædia in italico solo*, *tam rustica, qualis est fundus, quam urbana, qualis domus : item servi et quadrupedes quæ dorso collove domantur, muli, equi, asini* [1]. Cette énumération des ju- risconsultes, ajoute Niebuhr, est peut-être trop restric- tive pour les temps reculés; et quand l'expression *res mancipi* était synonyme de *censui censendo*, elle devait aussi comprendre les troupeaux de menu bétail qui, à cette époque primitive, jouaient un grand rôle dans la vie rurale.

Sans doute cette version est bien supérieure à celle qui veut que le roi Servius ait basé le service sur la for- tune, et l'ait gradué selon des chiffres fixés en argent. Elle nous avait même paru très logique, et nous l'avions d'abord admise. Mais nous avons compris qu'elle était en contradiction formelle avec notre système sur la tribu réelle. Or, l'administration se meut à l'époque ancienne autour de la tribu réelle. Et, puisque tout dans cette ad- ministration se rapporte au service militaire, il est inad- missible que la division qui sert de base à ce service ne se meuve pas elle aussi autour de la tribu réelle.

Nous croyons donc exacte l'opinion de Mommsen, qui s'exprime ainsi : « Comme condition de fortune du service ordinaire, on exigea d'abord une mesure mini- mum de propriété immobilière, c'est-à-dire la tribu, sauf que la tribu résultant purement et simplement de la propriété immobilière, il n'y a pas pour elle de mini- mum... Les chiffres attribués à Servius remontent au plus tôt à l'époque de la première guerre punique : il y a eu des chiffres plus anciens qui ont disparu, et ces

---

[1] *Gaii institutiones, Commentaire,* II, § 15.

chiffres étaient probablement fixés en surfaces de terres et non pas en argent [1]».

Mommsen cherche ensuite à justifier son système. Ainsi il observe que ce n'est que bien plus tard que le cuivre pesé servit de mesure générale de la valeur. Il est aussi frappé par ce fait que le nombre des centuries de la première classe est sensiblement égal à celui de toutes les autres centuries. Nous en conclurons bien avec lui que les individus aptes au service complet sont, au point de vue absolu, supérieurs en nombre à ceux de la seconde classe ; mais nous ne dirons pas comme lui que cela ne peut se concevoir qu'à condition que la gradation se rapporte à la propriété immobilière, et que, par exemple, les fractions de trois quarts, produites certainement en grande partie par le morcellement, aient été moins nombreuses que les unités entières. Pour nous, la raison déterminante est celle que nous avons déjà donnée, nous voulons dire le rapport nécessaire de la composition de l'armée avec la tribu.

On s'est livré à de nombreuses conjectures pour connaître les surfaces de terre exigées primitivement. Nous allons reproduire ici exactement celle de Mommsen, car il nous a paru impossible de l'analyser ou de la résumer sans la rendre incompréhensible :

« Lorsque l'argent, dit-il, remplaça la superficie comme mesure des classes, ceux qui avaient été jusqu'alors *classici* (lisez citoyens de la première classe) ne doivent pas avoir cessé de l'être pour cela. Les chiffres récents ne pouvant donc être qu'une expression nouvelle des chiffres anciens acommodée au changement des circons-

---

[1] *Manuel des Antiquités romaines*, tome VI, 1re partie, page 279.

tances, on peut avec quelque certitude déterminer ceux-ci à l'aide de ceux-là. Cela est aussi vrai pour la relation des classes entre elles que pour les chiffres absolus de chacune. Si la classe la plus élevée indique, comme il n'y a pas à en douter, la mesure de terrain nécessaire pour impliquer le service complet, l'unité de lot agraire, la propriété du citoyen, les quatre classes inférieures peuvent être considérées comme correspondant aux trois quarts, à la moitié, au quart et à une moindre fraction de cette unité.

Le propriétaire d'un emplacement inférieur en superficie au chiffre le plus bas ne devait pas être compté au cens comme propriétaire. Le mode de réduction peut aussi se déterminer. La plus petite parcelle de terre qui se rencontre chez les Romains est l'*heredium* de deux *jugera* : on y peut reconnaître la petite fraction, et par conséquent évaluer le lot complet à environ vingt *jugera*. Le *jugerum* est donc exprimé dans les chiffres qui nous ont été transmis par deux mille deux cents sesterces (quatre cent quatre-vingt-cinq francs) et ce taux correspond à la valeur moyenne attribuée au sol dans les évaluations postérieures [1]. »

Le censeur Appius Claudius, ayant fait entrer dans les tribus urbaines tous ceux qui n'étaient pas propriétaires (an 442 de Rome), le contre-coup de cette réforme ne devait pas tarder à se faire sentir relativement à l'évaluation de la fortune. C'est ce qui eut lieu : et les censeurs suivants, peut-être même Appius Claudius, comprirent dans le cens les richesses autres que la propriété foncière. Désormais les chiffres furent exprimés en *asses*.

[1] *Manuel des Antiquités romaines*, tome VI, 1re partie, page 281.

c) — L'as, monnaie en cuivre avec un alliage d'étain et de plomb, est la première unité monétaire romaine.

Pline l'Ancien prétend que cette monnaie remonte au roi Servius : *Servius rex primus signavit æs. Antea rudi usos Romæ Timæus tradit. Signatum est nota pecudum, unde et pecunia appellata* [1]. C'est une erreur certaine. Peut-être Servius assura-t-il par des empreintes spéciales la pureté des lingots : mais il n'employa pas le cuivre comme mesure générale de la valeur. Les lingots, même revêtus d'empreintes spéciales, n'avaient point de valeur déterminée par avance: comme l'*æs rude*, ils ne pouvaient être appréciés qu'au poids. L'origine du monnayage à Rome ne remonte qu'à l'époque decemvirale.

Les as qui sont alors en usage s'appellent *asses liberales* ou *librarii* et encore *æs grave*. Leur poids nominal est d'une livre (*libra*), leur poids réel de cinq sixièmes de livre ou de dix onces (*unciæ*), la livre romaine se divisant en douze onces.

Peu à peu l'as diminue de valeur : Vers l'an de Rome 486, il est réduit à quatre onces (as trientaire); trente ans plus tard à deux onces (as sextantaire). Il n'est plus que d'une once en 536, et peu après la loi Papiria vient encore le réduire de moitié.

Étant données ces diminutions successives, se pose la grave question de savoir de quelle valeur sont les as employés par les anciens pour fixer le taux de chaque classe. Sont-ce des *asses liberales* ou des *asses sextantarii?*

Dans une thèse fort remarquable, mais remplie d'opinions plus paradoxales que justes, Belot [2] a soutenu

[1] *Histoire naturelle*, livre XXXIII, § 13.
[2] *Histoire des Chevaliers romains.*

qu'il s'agissait d'*asses liberales*. Il s'appuie d'abord sur le passage de Pline l'Ancien cité plus haut. Après avoir en effet attribué à Servius la création de la monnaie, Pline ajoute : *Maximus census CXXM assium fuit illo rege et ideo hæc prima classis... Liberale autem pondus æris imminutum bello Punico primo quum impensis respublica non sufficeret, constitutumque ut asses sextantario pondere ferirentur.*

Le passage en effet ne peut donner lieu à aucune équivoque : le rapprochement des deux phrases indique clairement que Pline parle d'*asses liberales,* puisqu'après avoir exprimé le cens de chaque classe, il ajoute que plus tard le poids de l'as fut diminué.

Pour rendre plus vraisemblable son opinion, Belot s'est livré à de longues recherches. Il a calculé en francs le taux de chaque classe suivant les deux systèmes, et il est arrivé aux résultats suivants :

CLASSES	ASSES SEXTANTARII	VALEUR EN FRANCS	ASSES LIBÉRALES	VALEUR EN FRANCS
1	100.000	9.800	100.000	56.000
2	75.000	7.350	75.000	42.000
3	50.000	4.900	50.000	28.000
4	25.000	2.450	25.000	14.000
5	12.500	1.225	12.500	7.000

Résultats qui, pour lui, ne peuvent laisser aucun doute ! Les Romains des derniers siècles de la République possédant des fortunes considérables, le cens de la première classe ne devait pas être de neuf mille huit cents

francs. On voit le peuple infliger des amendes de dix
mille *asses liberales*, c'est-à-dire de cinq mille six cents
francs. Peut-on concevoir un état dans lequel une seule
amende absorberait presque la fortune d'un citoyen complet ?

Ce raisonnement n'a cependant pas prévalu et nous
ne connaissons que Willems qui se soit rangé à l'opinion
de Belot. Tous les autres ont préféré la vieille tradition.
Ils en sont revenus au système de Bœckh [1] et de Hertz [2].
Il nous semble que c'est avec raison.

L'opinion de Pline ne doit pas peser beaucoup dans la
balance. Pline se trompe, nous l'avons prouvé, en con-
sidérant Servius comme l'inventeur de la monnaie ; il se
trompe en affirmant que, lors de la première guerre punique, le poids de l'as fut porté en une fois de dix onces
à deux onces : cette diminution n'avait eu lieu que successivement, et les Romains avaient connu l'as trientaire. Enfin le chiffre même indiqué par lui comme taux
de la première classe est inexact. Pourquoi donc n'au-
rait-il pas fait erreur en indiquant la valeur des as ?

Mieux vaut croire Denys d'Halicarnasse, qui a exprimé en monnaies grecques le cens des différentes
classes. D'après lui, le cens de la première classe est de
cent mines ou dix mille drachmes, c'est-à-dire de cent
mille as sextantaires : car la drachme attique est assimi-
lée à un *denarius*, quatre sesterces, ou dix as sextantaires.

Sans doute, à l'époque d'Appius Claudius, les chiffres
ne peuvent avoir été fixés que selon le système de l'as

---

[1] *Recherches métrologiques*, Berlin, 1838.
[2] De la manière dont Goettling et Zumpt envisagent les chiffres du
cens de Servius.

lourd. Mais, lors de la réforme du système monétaire à Rome, le cens s'y conforma aussitôt ; et, quand les censeurs modifièrent les comices centuriates, les anciens chiffres étaient depuis longtemps oubliés : or c'est justement dans les *tabulæ censoriæ* qui consacrent cette transformation des comices que Tite-Live et Denys d'Halicarnasse ont puisé les chiffres qu'ils nous ont transmis.

Loin de nous étonner d'ailleurs de ce cens minime, nous y trouvons au contraire une preuve de l'exactitude de notre système : il nous permet en effet d'expliquer le nombre considérable des centuries de la première classe. Dans l'organisation de Servius, les charges et les droits étaient sans doute proportionnés à la fortune : mais s'il est attribué, comme nous le verrons, aux citoyens de la première classe, un nombre de centuries quadruple de celui de la deuxième classe, la raison ne doit pas en avoir été seulement dans une diminution des charges, mais dans le nombre absolu plus considérable des gens propres au service complet.

Nous rejeterons donc l'opinion de Belot: nous ne citerons que pour mémoire un système bizarre [1] d'après lequel les sommes de Denys d'Halicarnasse et de Tite-Live exprimant en as sextantaires les différents cens du iiie siècle avant J.-C., doivent être réduites de moitié pour représenter la valeur respective des cens antérieurs, ceux-ci ayant été doublés au iiie siècle.

Et notre conclusion sera celle-ci : les chiffres indiqués et transmis par les anciens expriment le taux de chaque classe en as sextantaires.

[1] Zumpt, *Des Chevaliers romains et de l'ordre équestre à Rome.*

II. — Pour faire partie des classes et des centuries, il ne suffisait pas de posséder une certaine quantité de fortune, il fallait aussi en être déclaré digne par les censeurs. On se rappelle la puissance arbitraire de ces magistrats, juges sans appel de l'honneur des citoyens. C'est pour cause d'indignité que sont exclus des classes :

1° Les *opifices et sellularii* : leur profession servile les rend impropres au service militaire, et par suite ils se voient refuser le droit de suffrage auquel leur fortune pourrait les faire prétendre ;

2° Les *libertini justa manumissione* : leur naissance servile ne leur permet pas, quelle que soit leur fortune, de prendre place près du citoyen libre ;

3° Les *ærarii*. L'*ærarius* est distingué avec soin du *tribulis*. Il n'est donc membre d'aucune tribu locale. Lange soutient qu'il y eut des *ærarii* à Rome dès la plus haute antiquité. Tel n'est pas notre avis : nous croyons plutôt avec Hüschke que les listes d'*ærarii* sont une création relativement assez récente des censeurs. Les expressions *in Cæritum tabulas* et *in ærarios referri* sont absolument synonymes, ce qui permet de supposer que les *ærarii* n'existaient pas avant les municipes sans suffrage, Cœré étant la première ville qui fût rangée dans cette catégorie (vers l'an 380 de Rome).

Laissant de côté les citoyens de ces municipes, nous ne nous occuperons ici que des *infames*, et de ceux auxquels les censeurs infligent la plus forte *nota censoria* ou *ignominia : tribu moti et ærarii facti* [1].

Or l'infamie était encourue :

---

[1] Tite-Live, *Annales*, livre IV, § 24.

1° Pour avoir fait un acte déshonorant: les bigames par exemple étaient considérés comme infâmes ;

2° Pour exercer une profession déshonorante : dans cette catégorie se trouvent les auteurs dramatiques et les gladiateurs ;

3° Pour avoir été condamné dans un *judicium turpe:* on entend par là soit certains procès civils, tels que le *judicium tutelæ, pro socio, mandati,* soit certains procès relatifs à des délits privés, le *furtum,* l'*injuria,* soit enfin certains procès publics comme le *judicium de calumniâ.*

Quant à l'*ignominia,* elle a pour source le point d'honneur et pour seule limite le droit de *veto* du collègue du censeur qui veut l'infliger à un citoyen.

L'*ærarius* n'est donc pas, comme le veut Belot, le citoyen dont la fortune n'est pas égale au cens de la cinquième classe.

Les *infames* sont atteints d'une flétrissure indélébile ; ceux qui ont été frappés de la *nota censoria* peuvent être réhabilités par les censeurs suivants.

Tout cela changea, lorsqu'à la suite de l'admission au service et au vote des citoyens sans immeubles, les districts urbains qui leur étaient affectés commencèrent à être regardés, non pas précisément comme les tribus des gens sans honneur, mais pourtant comme des tribus moins honorables. Les guerres continuelles entreprises par Rome nécessitaient un grand nombre de soldats. La *nota censoria* n'eut plus pour résultat de faire descendre le citoyen romain au rang des habitants des municipes sans suffrage, mais de le faire inscrire dans les tribus urbaines. On le soumit peut-être à un service plus dur; on l'employa peut-être de préférence ailleurs qu'en Ita-

lié ; peut-être aussi exista-t-il en fait des légions de dis-
cipline, comme celle de Cannes en Sicile, mais on ne
l'exclut plus des légions, et par suite il continua à faire
partie de la classe à laquelle l'appelait sa fortune.

Quant aux *libertini*, Denys nous apprend qu'avec Appius Claudius ils furent inscrits dans toutes les tribus et
comptèrent par suite dans les classes et les centuries. Il
en fut ainsi jusqu'à la censure de Q. Fabius Rullianus et
de P. Decius qui les rejetèrent dans les tribus urbaines
et les exclurent même des classes. Les affranchis étant
parvenus à faire rapporter cette mesure, elle fut reprise
en 534 par Æmilius Papus et C. Flaminius qui les pri-
vèrent de nouveau du *jus censendi* à l'exception de ceux
qui avaient un fils âgé de plus de cinq ans, et de ceux
qui possédaient des biens fonds ayant une valeur supérieure à soixante quinze mille as sextantaires. T. Gracchus et C. Claudius Pulcher les rejetèrent tous dans une
seule tribu urbaine désignée par le sort, la tribu Esquilina : mais la lex Æmilia leur permit de se faire inscrire
dans les quatre tribus urbaines et de figurer sur le cens
d'après leur fortune.

III. — Les *pedites* sont divisés en deux bans ; en
d'autres termes, l'infanterie comprend l'armée active et
la réserve. L'*ætas* sert de base aussi bien que le *census*
à la division Servienne, et dans chaque classe nous allons
trouver un nombre de centuries de *seniores* égal au
nombre de centuries de *juniores*.

Belot, toujours avec le même esprit paradoxal, prétend qu'à trente-cinq ans on sort des centuries de *juniores* pour entrer dans la réserve, et faire partie des
séniores. Il admet cet âge, parce que c'est celui, qui,
d'après les lois constantes de la population, partage en

deux parties égales les hommes de dix-sept à soixante ans. Il croit en effet, sans en fournir aucune preuve, que les centuries de *seniores* comptent autant de membres que celles des *juniores* de la même classe.

C'est méconnaître l'esprit même de la Constitution Servienne : le but de la réforme était de rendre prépondérante, non seulement la voix du riche, mais encore celle de l'homme déjà âgé et ayant une grande expérience de la vie. Il faut donc dire avec Denys d'Halicarnasse, Aulu-Gelle, Varron que l'accomplissement de la quarante-cinquième année rangeait parmi les *seniores*.

La mythologie romaine nous permet de comprendre les motifs de ce choix. Les légendes étrusques enseignent que le terme fixé par la nature à la vie humaine est de douze fois dix années solaires : les dieux eux-mêmes ne peuvent la prolonger au delà. Le destin a réduit à quatre-vingt-dix ans la durée de notre existence, et la déesse Fortuna ne manque pas d'abréger encore notre vie, pourtant si courte, par mainte et mainte vicissitude. Or c'est justement la moitié de la durée accordée par le destin qui a été prise comme limite entre les deux âges ; rien de plus naturel.

S'il faut en croire Varron, l'enfance finit avec la quinzième année : aux premières fêtes de Bacchus qui suivent son accomplissement, la robe prétexte est échangée pour la robe virile. Sans doute la nature ne donne pas à l'adolescent de quinze ans les forces nécessaires pour faire la guerre, mais on l'y prépare déjà par de nombreux exercices ; et l'on peut dire que le citoyen romain fait en droit partie de l'armée active pendant trente ans, c'est-à-dire pendant un nombre d'années représentant le tiers de la vie. Il est probable d'ailleurs que l'usage ne

permettait de voter qu'à dix-sept ans, âge où l'on commençait un service effectif.

Quant au second ban, il en est rarement question au
point de vue militaire : il ne pouvait servir qu'à la défense de la ville, et à l'époque historique il n'a sûrement
fonctionné qu'à titre politique. Il a été formé de ceux
qui sortaient à raison de leur âge des centuries de *juniores*. Il est probable que les censeurs observaient à
cet égard des règles fixes : il devait exister un certain
rapport entre les centuries de chaque ban et les membres
de telle centurie de *juniores* devaient, après l'âge de
quarante-cinq ans, faire partie de la centurie correspon-
dante de *seniores*.

Nous voyons ainsi apparaître l'idée dont nous avons
déjà parlé de donner plus d'importance aux *seniores*
dans l'administration des affaires. Plus nombreux sont
en effet les hommes de quinze à quarante-cinq ans que
ceux ayant dépassé cet âge. Les centuries du second
ban avaient donc un nombre de membres notablement
inférieur à celles du premier ; et par suite les voix des
seniores avaient plus de valeur que celles des *juniores*.

Nous pouvons maintenant comprendre l'importance
de la division des cinq classes en cent soixante-dix centuries, comme le montre le tableau suivant :

CLASSES	NOMBRE DE CENTURIES	JUNIORES	SENIORES
1	80	40	40
2	20	10	10
3	20	10	10
4	20	10	10
5	30	15	15

IV. — Pour faire partie des cinq classes et des cent soixante-dix centuries qu'elles renferment, deux conditions, nous l'avons vu, sont exigées. Tout Romain qui ne remplit pas soit l'une, soit l'autre, est jugé incapable de porter les armes ; mais il n'est pas pour cela dispensé de tout service actif.

Toute organisation doit s'appliquer à tous les membres de l'État : c'est ce qu'a compris Servius ; et, à côté de l'armée proprement dite, il a établi des corps spéciaux, corps nécessaires à l'État et à la guerre, qui eux aussi sont soumis aux règles de la centuriation. Je veux parler des quatre centuries d'hommes spéciaux :

1° *Centuria fabrum tignariorum ;*

2° *Centuria fabrum ærariorum ;*

3° *Centuria liticinum* ou *tubicinum ;*

4° *Centuria cornicinum.*

La *tuba*, qui, à l'époque ancienne, servait aussi à annoncer les comices par curies, n'a subsisté que pour donner le signal du combat. Ces musiciens jouaient donc dans l'armée romaine le rôle de nos tambours et de nos clairons. Mais là se bornaient leurs fonctions. Quand il s'agissait de réunir les comices par centuries, on avait recours à des sonneries de trompettes, et ce service était fait, nous le verrons plus loin, par des entrepreneurs salariés.

Prenant part à la guerre, les *fabri* et les musiciens avaient droit de suffrage. D'après Tite-Live, les *tignarii* et *ærarii* votaient avec les centuries de la première classe. Denys d'Halicarnasse au contraire les appelle en même temps que celles de la seconde. Controverse aussi entre ces deux auteurs pour les *tubicines* et *cornicines*, le premier les rattachant à la cinquième classe et le second à la quatrième.

V. — Après avoir parlé de toutes les autres centuries, Tite-Live ajoute : *Hoc minor census reliquam multitudinem habuit : inde una centuria facta est, immunis militiâ* [1]. Cette centurie comprend la grande masse des citoyens, et compte à elle seule un plus grand nombre de têtes que les quatre-vingt centuries réunies de la première classe : *In unâ centuriâ tam quidem plures censebantur quam pœne in primâ classe totâ* [2].

En font partie :

- 1° Tous ceux qui sont exclus des autres centuries pour cause d'indignité :

Les *opifices* et *sellularii ;*

Les *ærarii* jusqu'à Appius Claudius ;

Les *libertini* jusqu'à Appius Claudius et même après lui, lors de la réforme de Fabius Rullianus et de P. Decius ;

2° Tous ceux qui sont exclus des autres centuries parce qu'ils ne sont pas inscrits sur le cens pour un chiffre de fortune assez élevé.

Les *adcensi*, *adscripticii* ou *velati*, c'est-à-dire les citoyens ayant entre douze mille cinq cents et quinze cents as.

Les *proletarii*, c'est-à-dire dans un sens général, tous les citoyens ayant moins de quinze cents as. Tandis que la cité réclame un impôt aux riches, ce qui leur a fait donner le nom d'*assidui*, elle ne demande aux prolétaires

---

[1] *Annales*, livre I, § 43.
[2] Cicéron, *De republica*, livre II, § 22.

d'autre contingent que celui de leurs enfants. *Quum
locupletes assiduos appellasset ab ære dando; eos qui
aut non plus mille quingentum æris aut omnino nihil in
suum censum præter caput attulissent, proletarios
nominavit, ut ex iis quasi proles, id est quasi progenies
civitatis, expectari videretur* [1].

Aulu-Gelle fait une distinction entre les prolétaires :
il réserve ce nom à ceux qui ont plus de trois cent
soixante-quinze as et appelle les autres *capite censi;*
d'où le nom de notre centurie : *centuria capite censorum.*

*Qui in plebe romana tenuissimi pauperrimique erant,
neque amplius quam mille quingentum æris in censum
deferebant, proletarii appellati sunt; qui vero nullo
aut parvo ære censebantur, capite censi vocabantur :
extremus autem census capite censorum æris fuit tre-
centi septuaginta quinque* [2].

La centuriation comprenait donc tous les citoyens
romains, même les plus pauvres et les moins dignes. Et
par suite l'on a pu considérer le suffrage universel
comme l'un des principes fondamentaux des comices
par centuries : *Nec prohibebatur quisquam jure suffragii* [3], dit Cicéron; *neque exclusus quisquam suffragio
videretur* [4], écrit Tite-Live.

En droit, la *centuria capite censorum* était comprise
dans le cinquième appel et devait voter avec la cinquième
classe. Mais en fait, la cinquième classe et la *centuria
capite censorum* ne votèrent jamais. Cette dernière cen-

---

[1] Cicéron, *De republica*, livre II, § 22.
[2] *Nuits attiques*, livre XVI, chapitre x.
[3] *De republica*, livre II, § 22.
[4] *Annales*, livre I, § 43.

turie au point de vue politique n'exista qu'en théorie :
les auteurs romains ne la virent point fonctionner ; aussi
ils en vinrent à considérer le droit de vote dans cette centurie et l'absence du droit de vote comme s'équivalant.
Voilà pourquoi nous trouvons de nombreux textes qui
déclarent que les *ærarii* sont privés du *jus suffragii*.

Si les droits sont peu considérables, les charges le
sont encore moins ; la *centuria capite censorum* ne fait
point partie de l'armée régulière et on ne l'appelle qu'en
cas de levée en masse, *tumultuaria* ou *subitaria*.

Cependant les censeurs, dès les premiers temps,
prirent l'habitude de convoquer ceux qui possédaient
plus de quinze cents as. Leur fortune ne leur permettait
pas de s'équiper à leurs frais ; mais ils suivaient l'armée,
sans armes, et prenaient celles des citoyens morts en
combattant : *In mortuorum militum loco substitueban-
tur.* De là leurs noms : *Adscripticii velati quidam
scripti dicebantur qui supplendis legionibus adscribe-
bantur. Hos et adcensos dicebant quod ad legionum
censum essent adscripti; quidam velatos, quod vestiti
inermes sequerentur exercitum* [1].

A l'époque classique, la *centuria capite censorum*
ne se révèle donc que par ces *accensi* ou *velati*. Aussi
Tite-Live, qui y voit un corps distinct, en fait une centurie politique qui, pour lui, vote avec la cinquième
classe : *In his,* c'est-à-dire les citoyens de la cinquième
classe, *accensi, cornicines tubicinesque in tres centurias
distributi* [2]. Puis, regardant la relation de la réforme
Servienne, Tite-Live s'aperçoit qu'il y est question d'une

---

[1] Festus au mot *adscripticii*.
[2] *Annales*, livre I, § 43.

centuria capite censorum, centurie très peu connue, puisqu'elle n'a jamais existé en pratique. Aussi, ne se rendant pas compte de tous ceux qu'elle renferme, il la distingue avec soin de la *centuria accensorum ;* et, ne voulant pas admettre six classes, ce qui serait contraire à la tradition, il admet du moins six appels et cent quatre-vingt quatorze centuries.

Les premiers livres des *Annales* venaient de paraître, lorsque Denys d'Halicarnasse arriva en Italie pour recueillir les matériaux de ses *Antiquités romaines*. Il fut frappé de ce qu'il y avait d'illogique dans le système de Tite-Live. Comment concevoir cinq classes et six appels. Mieux vaut dire six classes, et voilà comment, dans les *Antiquités romaines*, il est question non plus de cinq classes, mais de six. Si du reste Denys d'Halicarnasse exagère l'une des erreurs de Tite-Live, il évite l'autre avec soin en ne comptant que cent quatre-vingt-treize centuries, et en ne parlant pas de celle des *accensi*.

Festus va plus loin. Il réunit dans une centurie spéciale tous ceux qui n'ont pas voté dans l'une des autres centuries : *Ni quis scivit centuria est quæ dicitur a Servio Tullio rege constituta, in qua liceret ei suffragium ferre, qui non tulisset in sua, ne quis civis suffragii jure privaretur* [1].

Il semble que Festus songe à ceux qui ont omis de voter. Peut-être a-t-il aussi en vue ceux qui n'ont le droit de suffrage dans aucune centurie déterminée. Il n'explique pas d'ailleurs avec quelle classe voterait cette nouvelle centurie, si contraire au but même de l'institution, puisque la fortune n'y joue aucun rôle, et que la

---

[1] *Epitome*, page 277.

voix du riche n'y est pas plus prépondérante que celle du prolétaire.

Ces allégations bizarres proviennent de ce fait que la cinquième classe n'exprimait jamais son vote. Et les critiques modernes ne doivent en tenir aucun compte. Niebuhr soutient cependant un système plus inconcevable encore. S'appuyant sur un texte mutilé, il croit à l'existence de sept centuries supplémentaires :

1° Une *centuria fabrum ;*

2° Une *centuria accensorum :* les *accensi* seraient ceux dont la fortune serait supérieure à sept mille as ;

3° Une *centuria velatorum*, c'est-à-dire de citoyens ayant entre sept mille et quinze cents as ;

4° Une *centuria liticinum ;*

5° Une *centuria cornicinum ;*

6° Une *centuria proletariorum;*

7° Une *centuria capite censorum.*

Il arrive ainsi à cent quatre-vingt-quinze centuries.

Nous ne discuterons même pas cette opinion étrange et nous dirons avec Willems, Madwig et Mommsen qu'il n'y a jamais eu à Rome que cinq classes et cent quatre-vingt-treize centuries. Ce sont d'ailleurs les chiffres donnés par Cicéron.

VI. — En étudiant les *centuriæ equitum*, nous avons signalé une différence profonde entre la cavalerie et l'infanterie. Nous avons dit que le nombre des chevaliers était toujours de dix-huit cents, que l'on se plaçât au point de vue militaire ou au point de vue politique. Et nous avons ajouté que dans l'infanterie au contraire on distinguait le chiffre normal et le chiffre effectif.

a) — Le chiffre normal de la centurie d'infanterie est

cent vingt. C'est du moins celui qui nous est donné pour
les centuries du système récent qui rattache la centuriation aux tribus et encore là seulement pour les centuries
de la *plebs urbana* de l'Empire. Les inscriptions de cette
époque sont très formelles. La *Suburana juniorum* de
l'an 70 énumère les noms des centuriales de huit centuries; la première, y compris les noms manquants dé-
truits à la fin, mais qui peuvent être supputés d'après
l'espace qu'ils occupaient, compte cent vingt têtes et les
autres un peu moins. Une inscription de l'an 254 men-
tionne pour la *Palatina* DCCCCLXVIII *juniores* soit
8×120. S'il faut en croire Festus, le centurion n'est
pas compris dans ce nombre.

A côté du chiffre normal se trouve le chiffre effectif.
Les dépenses nécessitées par les *equi publici* avaient
restreint le nombre des chevaliers : le magistrat au contraire doit admettre dans les classes, et répartir dans
les centuries tous ceux qui possèdent la fortune nécessaire. Les centuries politiques de *pedites* sont donc essentiellement différentes des centuries militaires corres-
pondantes. Celles-ci sont formées lors de la levée par le
magistrat qui requiert de chacune des centuries politiques : τὸ ἐπιβάλλον ἑκάστῳ λόχῳ πλῆθος [1].

Tout en admettant la différence entre le chiffre normal et le chiffre effectif Lange a prétendu que ce nombre
effectif était le même pour toutes les centuries ou du
moins pour toutes les centuries de *juniores*. Il en donne
comme raison le service militaire obligatoire pour tous
les *assidui*. Et sa conclusion est celle-ci : Si la seconde
classe n'a que la quatrième partie des centuries de la

---

[1] Denys d'Halicarnasse, *Antiquités romaines*, livre IV, § 19.

première classe, elle doit compter quatre fois moins de citoyens : en un mot la première classe comprend à elle seule les huit dix-septièmes des *assidui*. Lange reconnaît d'ailleurs qu'avec le temps des altérations se sont introduites dans le système de Servius, et ce sont ces altérations qui pour lui expliquent les affirmations contraires des auteurs anciens.

Cette opinion est en contradiction formelle avec l'idée qui a présidé à l'organisation Servienne : elle ne proportionne pas les charges et les droits à la fortune. Et elle est démentie par les témoignages les plus autorisés.

Niebuhr est tombé dans l'excès contraire : « Denys », nous dit-il, « suppose avec raison que les suffrages accordés à chaque classe étaient à l'universalité des suffrages comme la fortune imposable de ses membres à la totalité des fortunes imposables de toutes les cinq, et que le nombre des citoyens inscrits dans chacune était en raison inverse des nombres qui désignent leur cens. Trois individus de la première classe, quatre de la seconde, six de la troisième, douze de la quatrième, et vingt-quatre de la cinquième étaient au terme moyen égaux les uns envers les autres pour la fortune et par conséquent pour le droit de suffrage. Il fallait donc que le nombre de têtes s'accrût dans la même proportion dans les centuries de chaque classe. Les trois classes, qui suivaient immédiatement la première, doivent avoir eu chacune en propriété un quart de l'universalité de la fortune de la première, et la cinquième doit en avoir eu trois huitièmes. Il s'ensuit que la totalité des citoyens de la seconde classe était égale au tiers de ceux de la première, que la totalité des citoyens de la troisième atteignait à sa moitié, que la quatrième était de pareil nombre que cette première, enfin que la

cinquième était triple. D'après le principe de cette répartition en classes, de trente-cinq citoyens, il y en avait
six pour la première, et vingt-neuf pour les quatre
autres [1] ».

Niebuhr prouve par cet exposé qu'il avait de grandes
dispositions pour la science des nombres ; mais aucun
auteur n'a représenté Servius comme un mathématicien
très distingué, et cependant telle aurait bien été sa science
favorite, s'il avait trouvé une semblable combinaison.

Combinaison d'ailleurs admirable en théorie, mais complètement inapplicable ! Comment, dans un tel système,
maintenir avec les changements qui devaient survenir
nécessairement dans l'état de fortune des citoyens un
nombre constant de centuries dans chaque classe ? Comment une seule classe pourrait-elle obtenir relativement
aux autres un nombre de centuries aussi disproportionné
que la première ? Il faudrait attribuer aux citoyens de
cette classe des fortunes tellement inégales que le principe fondamental, je veux dire la proportionnalité de l'influence politique à la fortune, subirait une grave atteinte.
Quel compte tient-on surtout des considérations militaires? Et cependant les centuries sont avant tout une organisation militaire.

Ne cherchons pas à établir d'une manière certaine ce
chiffre effectif. Le nombre des centuries est resté le même
pendant plusieurs siècles : les centuries ont toujours compris l'ensemble des citoyens. Or le nombre des citoyens
romains n'a pas toujours été identique : il en a donc été
de même du chiffre effectif. J'en trouve la preuve dans ce
fait qu'en vertu du grand principe de la copropriété fa-

[1] *Histoire romaine*, tome II, page 191.

miliale les fils sans fortune personnelle mais en âge de porter les armes étaient inscrits dans la classe à laquelle donnait accès la fortune du père, de même qu'ils faisaient partie de la tribu paternelle.

Nous devons ajouter cependant que le chiffre effectif devait être beaucoup moins élevé dans les centuries de la première classe : c'est ainsi seulement que s'explique ce nombre de quatre-vingt centuries : les riches devaient avoir plus d'hommes à fournir, par suite étaient plus fréquemment appelés que les autres. Ils avaient plus de droits, donc plus de charges. Mais gardons-nous bien d'exagérer : les citoyens dont la fortune atteignait presque le cens de la première classe ne peuvent pas avoir été requis beaucoup moins souvent que ceux astreints au service complet ; et, s'il est attribué à ces derniers un nombre de centuries quadruple de celui des moins obligés du premier degré, la raison ne doit pas en avoir été seulement dans une diminution de la charge moyenne imposée aux plus pauvres, elle doit en avoir été aussi dans le nombre absolu plus considérable des gens propres au service complet.

b) — A cette époque primitive existait-il une corrélation quelconque entre les tribus et les centuries? — Madwig le nie formellement. Il s'appuie sur un passage de Tite-Live dans lequel cet auteur soutient que les tribus Serviennes *ad centuriarum distributionem numerumque nec quicquam pertinuerunt* [1].

Tel n'est pas, à notre avis, le sens de cette phrase. L'auteur des *Annales* veut marquer la différence profonde qui existe entre les centuries Serviennes et les cen-

---

[1] *Annales,* livre I, § 43.

turies réformées. Mais il ne prétend pas nous expliquer le mode de répartition admis par les censeurs. Ceux-ci avaient un pouvoir très étendu, mais ils devaient cependant, l'opération se renouvelant tous les cinq ans, s'astreindre à des règles fixes. Et quand Denys d'Halicarnasse [1] vient nous dire qu'ils répartissaient proportionnellement les tribules de chaque tribu dans toutes les centuries, ou en d'autres termes qu'ils composaient chaque centurie d'un nombre égal de tribules de toutes les tribus, cette version nous paraît des plus rationnelles.

Nous disons rationnelle : car les tribus étaient autant que possible équivalentes, soit quant au nombre de têtes, soit quant aux biens : nous ajouterons même vraisemblable ; car elle répond à l'une des idées de Servius, la fusion des races. Nous ne prétendons pas cependant que cette égalité fût parfaite et ne voulons pas nous lancer dans des calculs aussi compliqués que ceux de Niebuhr. Même lorsque le nombre des centuries de la première classe était un multiple du nombre des districts, lorsqu'il y avait soit quatre, soit vingt tribus, l'Esquilina et la Collina par exemple ne comptaient pas le même nombre de citoyens. Et, s'il avait fallu s'en tenir à la précision mathématique, l'opération aurait été impossible, quand l'*ager publicus romanus* fut divisé en vingt-et-une tribus.

---

[1] *Antiquités romaines*, livre IV, § 14.

SECTION III

DES CENTURIES AU POINT DE VUE FINANCIER

SOMMAIRE: I. Des impôts avant Servius. — II. Du *Tributum ex censu:*
a) base de cet impôt; *b*) à quoi il servait; *c*) par qui voté; *d*) par
qui perçu; *e*) sa nature. — III. Du *Tributum in capita.*

, I. — Les Annales romaines ne nous permettent guère de
supposer ce que pouvaient être les impôts avant Servius.
Deux textes, les seuls où il en soit question, laissent le
champ libre à toutes les conjectures. L'un deux est de
Tite-Live. C'est la définition déjà citée du cens *ex quo
belli pacisque munia*, *non viritim ut ante*... L'autre se
trouve dans les *Antiquités romaines*. L'auteur rappelle
que Tarquin le Superbe après avoir aboli les réformes
serviennes, rétablit l'état de choses antérieur, et il ajoute:
κατέλυσε τὰς ἀπὸ τῶν τιμημάτων εἰσφορὰς, καὶ τὸν ἐξ ἀρχῆς
τρόπον ἀποκατέστησε καὶ... τὸ ἴσον διάφορον ὁ πενέστατος τῷ
πλουσιωτάτῳ κατέφερε [1].

A notre sens, ces deux passages sont très clairs:
avant Servius comme sous Tarquin le Superbe, l'impôt
était un impôt de capitation, c'est-à-dire un impôt à tant
par tête, impôt égal pour le riche et pour le pauvre.
Hüschke n'admet cependant pas cette solution: il est
effrayé par l'injustice de cette taxe, et il préfère entendre
ces deux mots *non viritim ut ante*, en ce sens que si l'es-
timation de la fortune ne sert pas encore de base, une

---

[1] Denys d'Halicarnasse, livre IV, § 43.

certaine naissance laisse du moins supposer un certain patrimoine sujet à contribution. Nous lui répondrons que l'histoire des origines des différents peuples nous révèle presque toujours un impôt à tant par tête, quelque arbitraire que soit ce procédé financier.

II. — La réforme de Servius eut justement pour objet de substituer à l'impôt de capitation une contribution basée sur la fortune, contribution directe sur les choses, sans égard à leurs produits, et atteignant tous les *assidui* mais non les membres de la *centuria capite censorum.*

a) — Quand nous disons la fortune, nous avons en vue la fortune recensée. La propriété immobilière fut donc seule d'abord soumise au *tributum*, ce qui ne veut pas dire que le *tributum* était un impôt foncier. Quand en effet, avec le développement de la puissance romaine, la production agricole diminua de plus en plus, et qu'au contraire de nouvelles voies s'ouvrirent à la spéculation et transformèrent les éléments de la fortune privée, les bases du *tributum* furent aussi modifiées.

Y furent alors soumis :

1° Les *prædia rusticana* ou immeubles ruraux susceptibles de propriété privée (*agri privati*), mais non les *possessiones agri publici* ;

2° Les *prædia urbana*, c'est-à-dire non seulement les maisons servant à l'habitation du maître, mais encore les maisons destinées à la location, ou au commerce ;

3° Les *instrumenta fundi*. Il faut entendre par accessoires des immeubles les esclaves, les chevaux, les bœufs, les ânes, les mulets, les voitures, en un mot tous les objets nécessaires à l'exploitation agricole ou industrielle ;

4° L'argent comptant.

Ces objets devaient suffire aux citoyens romains. Et Caton lors de sa censure (an 570 de Rome) fit décider que les divers articles de luxe, habits, équipages, bijoux de femmes, services de tables, jeunes esclaves achetés dix mille as ou davantage seraient portés pour le *tributum* à une somme dix fois supérieure à leur valeur.

b) — Dans les premières années de la République, le bail des terres domaniales permettait de subvenir à une notable portion des dépenses et de supporter facilement les frais du culte. Les redevances de l'*ager publicus* payaient l'entretien des monuments publics; les citoyens s'équipaient eux-mêmes : la guerre était alors une source de profit. Aussi l'État ne percevait le *tributum ex censu* que lorsque survenait un événement imprévu.

L'organisation de cet impôt ne fut définitive que vers l'an de Rome 348 : la solde militaire fut alors établie par un sénatusconsulte suivi d'un plébiscite : on chercha à faire face à cette nouvelle dépense avec les recettes normales de l'*ærarium*, c'est-à-dire les *vectigalia*. Mais leur produit fut insuffisant, et le *tributum ex censu* devint presque permanent. Je dis presque : car on ne l'exigea pas en l'an de Rome 448 après la victoire sur les Samnites, et il n'était pas perçu quand il n'y avait pas d'armée à entretenir.

c) — Ce qui le rendait particulièrement onéreux, c'était son extrême mobilité. Suivant le bon plaisir du Sénat, il était de un, deux ou trois par mille : c'était le Sénat en effet qui fixait chaque année le quantum, ainsi que l'indique un passage de Tite-Live : *Senatus, quo die primum in Capitolio consultus, decrevit ut eo anno duplex tributum imperaretur, simplex confestim exigeretur* [1].

---

[1] *Annales*, livre XXIII, § 31.

Beaucoup de critiques modernes ont été surpris de ce droit du Sénat d'imposer les contribuables, d'autant plus que le Sénat était au début composé seulement des chefs des *gentes* patriciennes. Il est vrai que plus tard ce grand corps dut se recruter parmi les magistrats élus par le peuple, et put être considéré comme une chambre haute émanée du suffrage des comices.

Tite-Live semble même accorder quelque part aux consuls le pouvoir d'imposer le tribut et aux censeurs la faculté d'édicter des taxes indirectes, mais il sous-entend soit le vote antérieur du Sénat, soit l'autorisation préalable qui précédait l'édit consulaire ou censorial.

Le droit d'établir l'impôt fut rarement chez les Romains l'objet ou l'occasion des revendications populaires. Cette question fondamentale ne suscita pas chez ce peuple pourtant si jaloux de ses droits les débats et les luttes qui remplissent l'histoire depuis le moyen âge. La raison en est, à notre sens, dans ce fait que l'impôt était spécialement destiné à subvenir aux frais de la guerre, et que la guerre ne pouvait être décidée que par le peuple.

Cependant à certaines époques de crise monétaire ou politique la plèbe réclama par la voix de ses tribuns. Mais de sages concessions ou l'emploi de la dictature mirent promptement fin à ces oppositions accidentelles.

Le dernier débat sérieux eut lieu à l'occasion du projet de la seconde guerre contre la Macédonie (an 544 de Rome). Les comices, cédant à l'autorité politique du Sénat, concédèrent enfin cette expédition lointaine. Ils en furent largement récompensés : car elle enrichit le trésor, et permit en l'an 587 de Rome de supprimer définitivement le *tributum ex censu*.

d) — Nous n'avons que fort peu de renseignements sur les procédés employés pour percevoir le *tributum* et payer le *stipendium* aux soldats. Nous savons seulement qu'il y avait une répartition par tribus et que les *tribuni ærarii* intervenaient dans cette opération.

Ce nom d'*ærarii* vient d'*æs militare* qui est un synonyme de *stipendium*, ainsi que nous l'apprend Tite-Live. *Dicebatur autem ea pecunia, quæ stipendii nomine dabatur, æs militare* [1]. Cette étymologie ne laisse aucun doute : les *tribuni ærarii* étaient au début chargés du payement de la solde. A l'époque classique au contraire ils forment une catégorie spéciale de juges.

On a cherché à concilier ces deux fonctions. Mommsen les considère comme des personnages officiels ayant pour mission de représenter les tribus. Lorsque le payement de la solde fut attribué aux questeurs, ils devinrent les *curatores tribuum*. Chaque année, après la réforme des comices par centuries, l'on dut en renouveler trois cent cinquante. Considérable était donc le nombre des citoyens investis de cette fonction : ils formèrent bientôt un ordre spécial comme les *equites* ; et tous, qu'ils fûssent en exercice ou sortis de charge, figurèrent dans les *judicia*.

Admettre cette solution, c'est oublier les textes qui nous ont révélé l'existence des *tribuni ærarii* à l'époque primitive. Ces textes sont relatifs à la *pignoris capio*. La *pignoris capio* est une voie d'exécution tout à fait exceptionnelle dans le système des actions de la loi, puisqu'elle s'attaque non pas à la personne, mais aux biens du débiteur.

---

[1] *Annales*, livre V, § 4.

Per pignoris capionem, nous dit Gaïus, *lege ageba-
tur de quibusdam rebus moribus, de quibusdam lege.
Introducta est moribus, rei militaris. Nam propter stipendium licebat militi ab eo qui distribuebat, nisi daret,
pignus capere* [1]. Et, un peu plus bas, l'auteur des Institutes donne le même droit de gage aux cavaliers contre
ceux qui sont chargés de percevoir et de payer l'*æs
equestre*, et l'*æs hordiarium*.

Ces mesures individuelles auxquelles sont exposés
les collecteurs de l'impôt indiquent bien que ceux-ci sont
des personnes privées. La loi se serait montrée moins
défiante si les *tribuni ærarii* avaient été des personnages
officiels, soumis à la surveillance directe des consuls. Ils
étaient sans doute nommés à l'élection, et ne pouvaient
être choisis que parmi les contribuables d'un certain
cens : car sans cela la garantie donnée contre eux aurait
été illusoire.

Au IIIe siècle avant Jésus-Christ, l'impôt dut être
versé directement au trésor, et des magistrats appelés
questeurs payèrent la solde aux troupes. Dès lors, les
tribuni ærarii ne subsistèrent plus qu'à l'état de classe
particulière de censitaires, et c'est en cette qualité qu'Au-
rélius Cotta, en 684, les inscrivit au nombre des juges.

e) — Denys d'Halicarnasse nous apprend que parfois
après une expédition heureuse l'État remboursait le *tributum* aux citoyens au moyen d'un prélèvement sur les
contributions de guerre ou sur le butin.

Mais ce remboursement implique-t-il une obligation
de l'État, ou n'intervient-il qu'à titre de concession gracieuse. Un passage de Tite-Live a donné lieu à une vio-

---

[1] *Institutes*, *Commentaire*, IV, § 26 et 27.

lente controverse et a été interprété de manières bien différentes. Il s'agit du triomphe de Cneus Manlius Vulso sur les Galates en l'année 567 : *Sed ad populi quoque gratiam conciliandam amici Manlii valuerunt, quibus adnitentibus senatusconsultum factum est, ut ex pecunia quæ in triumpho translata esset, stipendium conlatum in publicum, quod ejus solutum antea non esset, solveretur. Vicenos quinos et semisses in millia æris quæstores urbani cum curâ et fide solverunt*[1].

Walter a pensé que ce texte rappelait un fait spécial. L'an 544 de Rome, le trésor était vide, les consuls réclamaient de l'argent pour continuer la guerre : le peuple surchargé par un *tributum triplex* était prêt à se révolter. Les sénateurs songèrent alors à faire don à l'État de tous les objets précieux qu'ils possédaient : les riches les imitèrent : l'on put ainsi se procurer les ressources dont on avait besoin. Mais cette offrande patriotique était remboursable en trois termes : c'est à l'un de ces remboursements que Tite-Live ferait allusion. Interprétation inadmissible ! Il s'agit de l'impôt ordinaire : *stipendium conlatum in publicum*.

Mommsen, s'appuyant sur les mots *solvere* et *solutum*, a vu là une obligation de l'État, et a défini le *tributum* une espèce d'emprunt forcé. Hüschke, tout en croyant que telle a été la pensée de Servius, reconnaît qu'à partir de l'établissement de la solde le remboursement régulier de l'impôt n'a pas été effectué. Il ajoute, il est vrai, que l'État, lorsqu'il percevait un *tributum* extraordinaire, se croyait obligé de le restituer.

Nous donnons au passage de Tite-Live une tout autre

[1] *Annales*, livre XXXIX, § 7.

signification. Il n'y a pas là une mesure obligatoire, mais
une décision gracieuse arrachée au Sénat par les amis
de Manlius pour augmenter la popularité de ce triom-
phateur : *ad populi gratiam conciliandam*. Le *tributum*
est un véritable impôt, et non un emprunt forcé. Son
remboursement n'eut lieu que dans des cas exceptionnels.
La preuve en est dans un autre passage de Tite-Live [1].
Papirius Cursor vient de remporter une grande victoire
sur les Samnites. Non seulement on ne rend pas le *tributum* déjà recueilli, mais encore on perçoit le *tributum*
courant.

III. — A côté de ce *tributum ex censu*, il est fait
mention par un grand nombre d'auteurs d'un *tributum
in capita*. Sur ce point nous n'avons pas de renseignements précis et devons nous borner à des conjectures.

Nous ne pensons pas avec Niebuhr qu'il s'agisse
d'une somme fixe et modique qui aurait été versée par
chaque habitant pour la protection qu'il recevait. Mais
nous sommes d'accord avec lui quand il soutient qu'il
faut entendre par *tributum in capita* les sommes payées
aux cavaliers par les *viduæ* et les *orbi*, c'est-à-dire l'*æs
equestre* et l'*æs hordiarium*. Nous connaissons déjà ces
impôts. Chaque cavalier recevait, nous le savons, à son
entrée au service dix mille as *ad equos emendos*, et
chaque année deux mille as *ad equos alendos*. Ces as sont
évidemment les mêmes que ceux employés pour établir
le cens de chaque classe ; ce sont donc, d'après la théorie que nous avons exposée, des as sextantaires. Il s'agit
là d'ailleurs comme pour le *tributum ex censu* d'un véritable impôt : l'État n'est astreint à aucun remboursement.

[1] *Annales*, livre X, § 46.

Mais ce qui constitue surtout le *tributum in capita*, c'est l'impôt qui atteint les *ærarii* et les *libertini*. Tous ceux qui faisaient partie de la *centuria capite censorum* étaient dispensés du *tributum ex censu*. Mesure très équitable assurément en ce qui concerne les pauvres, mais qui aurait été fort injuste, si le *tributum ex censu* n'avait pas été remplacé par une contribution d'une autre nature pour ceux que leur indignité seule avait placés dans cette catégorie.

Les *ærarii* et les *libertini* ne payaient pas l'impôt du sang, puisqu'ils étaient exclus des légions. Et cependant ils avaient le droit de réclamer la protection des magistrats. La justice exigeait donc que cet impôt du sang fût remplacé par une forte contribution pécuniaire. Leurs fortunes acquises le plus souvent dans le commerce et l'industrie étaient parfois considérables. On fit pour eux une autre règle d'évaluation consistant en estimations spéciales. Ces taxations arbitraires furent abandonnées au bon plaisir des censeurs, et l'histoire nous apprend que le patricien M. Æmilius, atteint par la *nota censoria*, et descendu au rang des *ærarii*, dut chaque année verser au trésor une somme huit fois plus considérable que celle qu'il payait d'après le cens.

Ici s'arrêtera notre étude financière : nous n'étudierons point les *vectigalia* et autres impôts indirects. Ce serait nous écarter de notre sujet. Nous devions seulement prouver que si la division par centuries était une division militaire et politique, elle servait aussi de base à l'établissement de l'impôt, et nous pensons avoir suffisamment justifié le mot de Tite-Live : *Censum Servius instituit... ex quo belli pacisque munia... pro habitu pecuniarum fierent.*

CHAPITRE II

DES CENTURIES AU POINT DE VUE MILITAIRE

SECTION PREMIÈRE

DU RECRUTEMENT

Sommaire : I. Caractère du service militaire à Rome. — II. Du *dilectus legitimus*. — III. De la *conjuratio*.

I. — Les centuries étaient avant tout une division militaire, et, puisqu'elles étaient en même temps et accessoirement la seule division financière et politique, nous ne devons pas nous étonner que l'influence militaire fût autrement considérable à Rome que dans n'importe quel gouvernement moderne. La guerre n'y est point, comme au moyen âge, l'occupation ou la distraction d'une classe particulière, mais le droit et le devoir du citoyen. Le citoyen romain, tant du moins que se conservèrent les vieilles traditions, peut seul faire partie de l'armée romaine. Et encore faut-il que sa fortune ou sa naissance lui en donne le droit. Un législateur prévoyant a pensé que ceux qui n'ont pas de patrimoine à protéger montreront parfois moins de zèle pour la défense de leur patrie. Imbu de cette idée, il a exclu des légions tous les citoyens n'ayant pas au moins le cens de la cinquième classe. Il n'a pas voulu non plus confier d'armes à ceux qui sont nés de parents esclaves : leur naissance

les en rend indignes. Ont été jugés indignes enfin les
ærarii, peu importe qu'ils soient *infames* ou frappés de
la *nota censoria*.

En un mot, le service militaire à Rome est un honneur : comme l'a fort bien dit M. Giraud : « Les répu-
tations militaires sont le véhicule des grandes dignités
civiles [1]. » C'est parmi les citoyens sans tache que se
recrutent les soldats.

II. — Le recrutement militaire ordinaire se nomme
dilectus ou *dilectus legitimus*. Il faut un ordre du Sénat
pour y procéder : il a lieu ordinairement au mois de
mars de chaque année au Forum ou au Champ de Mars.
Ce sont les censeurs qui y procèdent, mais la présidence
appartient au consul ou préteur qui doit commander
l'armée.

Peu importante est cette opération en ce qui concerne
la cavalerie. Le service y est permanent : les magistrats
peuvent seulement inviter le cavalier devenu moins apte
au service à se défaire de son cheval, et donner à un plus
agile l'*equus publicus*.

Tout autre est le *dilectus* pour les centuries de fantassins. On se rappelle la différence que nous avons établie
pour ces dernières entre le chiffre normal et le chiffre
effectif. Celui-ci varie essentiellement suivant les classes,
mais il est toujours bien supérieur au nombre cent vingt,
et la centurie militaire ne doit être que de cent vingt
hommes.

Les centuriales sont donc convoqués pour cette opération solennelle du recrutement. Tous les appelés

---

[1] *Histoire romaine*, page 128.

doivent répondre sous peine d'être poursuivis comme
déserteurs (*tenebriones*). Les procédés sont à peu près
identiques à ceux de nos conseils de revision. Chaque
tribulis, j'allais dire chaque conscrit, est soumis à une
visite médicale, et peut faire valoir ses causes d'exemp-
tions. Celles-ci sont motivées en fait ou en droit. Les
premières dépendent absolument de l'arbitraire du magistrat, libre de rejeter ou d'admettre les *vacationes
militiæ* se rattachant à une infirmité physique ou morale.
Pour les secondes, la loi a tracé des règles fixes qui
protègent contre le bon plaisir du censeur.

· Elles nous sont en partie connues. Citons :

1° L'âge : à quarante-six ans on est dispensé du service de campagne ; à soixante de tout service ;

2° Un certain nombre d'années passées sous les dra-
peaux : sont en général jugés suffisants dix ans dans
la cavalerie et seize ans dans l'infanterie ;

3° Certains emplois : il est, en effet, des services dont
l'accomplissement est indispensable à l'État. Profitent
de cette *vacatio militiæ :*

Les prêtres de la cité ;

Les magistrats et leurs employés pendant la durée de
leurs fonctions ; ne sont pas compris dans la qualification de magistrats les sénateurs, sans doute parce qu'à
l'époque primitive ils étaient pris exclusivement parmi
les anciens ;

Les citoyens établis dans les colonies maritimes à titre
de garnison ;

Les fournisseurs de l'armée en vertu d'une concession spéciale, et pendant le temps du contrat ;

4° Il existait aussi des privilèges personnels s'étendant parfois aux descendants.

Le chiffre effectif de chaque centurie est considérable-
ment réduit par ces dispenses. Mais il reste encore
supérieur à cent vingt même dans les centuries de la
première classe. Parmi les propres au service, les magistrats vont donc faire un nouveau choix. C'est grâce
à ce *dilectus*, pour lequel nous ne connaissons d'autres
règles que le bon plaisir du censeur ou plutôt des deux
censeurs, puisque l'un ne peut rien faire sans le consentement de l'autre, c'est grâce à ce *dilectus*, disons-
nous, que l'on obtiendra le chiffre normal.

On dresse la liste de ceux qui sont ainsi devenus pour
un an les défenseurs de la patrie. Et on les convoque
pour une seconde réunion dans laquelle doit s'accomplir
la solennité du serment. Ce serment, si la guerre est
déclarée, est renouvelé dans le camp sous une forme
plus imposante. Les soldats jurent alors : *Omnino pro
republica se esse facturos, omniaque facturos quæ is*
(traduisez leur chef) *præciperet, nec recessuros nisi
præcepto consulis.*

III. — L'armée ainsi constituée est suffisante pour
les expéditions d'outre-mer ; mais Rome, la ville con-
quérante par excellence, a vu parfois la fortune l'abandonner. L'Italien s'est révolté contre elle ; les soldats
gaulois ou les mercenaires d'Annibal ont tour à tour
franchi les Alpes et n'ont pas craint de menacer la ville
éternelle. Les magistrats se sont alors montrés moins
difficiles sur le choix des légionnaires. Ils ont abandonné
le *dilectus legitimus* pour recourir à une espèce de levée
connue sous le nom de *tumultuaria* ou *subitaria*. Nous la
trouvons encore désignée dans les textes par le mot *conjuratio*, le serment s'y prêtant en commun par acclamation.

Tous ceux qui sont en âge de porter les armes doivent prendre part à la défense de la patrie. Il n'est plus question de chiffre normal et de chiffre effectif. Les *vacationes* sont suspendues à moins que le contraire ne soit dit expressément dans la loi qui établit l'exemption et que cette loi elle-même n'ait été rendue irrévocable par un serment. Les membres de la *centuria capite censorum*, à l'exception des *accensi* ou *velati*, qui conservent leurs fonctions ordinaires, servent dans les légions urbaines formées à la dernière heure, ou doivent supporter les fatigues du service sur mer.

C'est ainsi que Mommsen a pu dire que l'obligation au service pèse sur tous les citoyens. C'est selon nous la formule juste ; le suffrage universel n'existe à Rome que parce que tous peuvent être appelés à combattre. L'égalité est ainsi absolue entre le service militaire et le *jus suffragii*. Quand le premier est moins pénible, le second s'affaiblit également ; et de même que nous trouvons des textes qui refusent le droit de vote aux *ærarii* et aux *libertini*, de même il est des auteurs qui les déclarent incapables de porter les armes : opinions qui au premier abord semblent contradictoires avec celles que nous avons admises, opinions justes cependant puisque les membres de cette nombreuse et dernière centurie ne votent et ne combattent que dans des circonstances exceptionnelles.

SECTION II

CAVALERIE ET INFANTERIE

Dans le premier chapitre de ce travail,~ nous nous sommes déjà étendus longuement sur les centuries de chevaliers et de fantassins. Nous y avons étudié toutes les parties de la réforme Servienne qui concernent autant le point de vue administratif et financier que le point de vue militaire. Et il ne nous reste plus maintenant qu'à faire connaître certains détails exclusivement militaires.

§ 1er. — DE LA CAVALERIE

SOMMAIRE : I. De la *turma*. — II. Du commandement de la cavalerie. — III. De l'équipement des cavaliers.

I. — La cavalerie était, comme il a été dit, divisée pour le vote en dix-huit centuries : la cause en est sans doute la nécessité d'une similitude approximative des unités électorales, similitude indispensable pour le vote ; car la centurie de cavaliers n'existe pas comme division militaire. Sous Romulus, il est bien question des *tribuni celerum* ou chefs de la garde royale, qui devaient chacun commander à cent hommes. Mais cette qualification ne tarde pas à disparaître. Et les dix-huit centurions, dont nous parlent les auteurs en traitant des comices, n'ont jamais été que des personnages politiques.

L'unité militaire proprement dite est la *turma* de trente hommes avec la *decuria* de dix hommes qui en est le tiers. Parmi ces dix hommes se trouve un décurion. Je dis parmi ces dix hommes : *decurio* en effet signifie dixième homme, et les attestations de Tite-Live et de Cicéron qui fixent à dix-huit cents le nombre des citoyens pourvus du cheval public ne laissent aucun doute. Si la décurie du système moderne composée de onze hommes avait été prise pour base, le chiffre total aurait été de dix-neuf cent quatre-vingts.

Certains critiques ont prétendu qu'au début chaque *turma* était composée d'une *decuria* prise parmi les *sex suffragia* et de deux *decuriæ* formées avec les *duodecim centuriæ*. Ce sont là de pures conjectures. Et chercher à établir la relation qui pouvait exister entre les *decuriones* et les *centuriones*, ou entre les *turmæ* et les *centuriæ* serait se perdre dans le domaine des hypothèses.

II. — Le commandement de chaque *turma* était exercé par les trois décurions coordonnés entre eux. C'étaient sans doute les censeurs qui les nommaient et les affectaient à telle ou telle *turma*. Ils devaient les choisir parmi les plus braves et les plus courageux, s'il faut en croire Caton dans son discours aux cavaliers du camp de Numance : *Majores... paravere bonis atque strenuis decurionatus.*

Il n'existait pas à Rome en temps ordinaire de commandant spécial de la cavalerie. Son chef direct était le consul ou le préteur chargé de diriger l'expédition.

Quand cependant une situation exceptionnelle rendait nécessaire des mesures extrêmes, le Sénat, en vertu d'une vieille loi curiate, la *lex de dictatore creando*, investissait un citoyen d'un pouvoir absolu, pouvoir même supérieur à celui des anciens rois. Le dictateur (car c'est de lui que nous voulons parler), dès son entrée en charge, avant même d'avoir demandé le vote de la loi curiate qui lui conférait l'*imperium*, devait désigner son maître de cavalerie.

Ce *magister equitum* était à l'origine pris parmi les consulaires, mais, dès l'année 494, nous voyons investi de cette charge Servilius Priscus qui n'avait jamais été consul. Cet exemple n'est point le seul et Tite-Live commet une erreur en prétendant que d'après la *lex de dictatore creando* le *magister equitum* devait être consulaire. C'est en effet le petit nombre qui possède cette qualité, ainsi que le montre l'étude des fastes. La plèbe parvint même de bonne heure à cette dignité.

Le maître de la cavalerie a la puissance consulaire, mais il ne possède pas l'*imperium*. Ses insignes sont la prétexte bordée de pourpre et le bâton de commandement entouré d'un rameau de vigne en argent. Laurentius Lydus lui accorde la chaise curule et six licteurs avec la hache. Mais ce doit être là une erreur : n'ayant pas l'*imperium*, il ne devait pas avoir l'appareil de la force.

Bien qu'il fût toujours sous la dépendance du dictateur, celui-ci ne pouvait le forcer à abdiquer, mais seulement à cesser toute fonction. Le jour où le dictateur rentrait dans la vie privée, le *magister equitum* devait lui aussi se retirer, et la cavalerie redevenait un corps sans chef spécial.

III. — L'équipement des cavaliers n'était peut-être pas aussi coûteux qu'on l'a prétendu. Les selles sont inconnues à l'époque ancienne et elles ne pénétrèrent dans la *pompa* que sous Néron. Il n'y avait de nécessaire que la garniture de tête du cheval, qui, à part la garniture d'argent des bossettes, ne devait occasionner que des frais modérés. Quant au cavalier, sa seule arme défensive est le bouclier : ses armes offensives sont le glaive et la lance.

Il a toujours à son service un esclave pour tenir son cheval et en prendre soin. Les *equites* sont en effet choisis parmi les plus nobles et les plus riches, et le législateur romain n'a jamais songé à les astreindre aux occupations pénibles des palefreniers. Les modernes ont eu à cet égard moins de préjugés, et ceux de nos dragons ou de nos chasseurs qui ont étudié le Droit romain doivent regretter parfois le bon temps du roi Servius.

§ 2. — DE L'INFANTERIE

SOMMAIRE : I. Centuries d'hommes armés : *a*) de l'équipement; *b*) de la phalange; *c*) de la *classis*. — II. Centuries d'hommes non armés : *a*) des *accensi* ou *velati*; *b*) des *fabri*, *liticines* et *cornicines*.

A la différence des cavaliers, les fantassins sont répartis pour la guerre comme pour le vote en cent soixante-quinze centuries. La centurie, qui se subdivise en dix décuries, est elle-même une subdivision de la légion.

Or, dans chaque légion, on distingue les hommes armés et les individus astreints à un certain service, quoique dépourvus d'armes.

I. — Les premiers, nous l'avons déjà dit, forment cent soixante-dix centuries, quatre-vingt-cinq de séniores et quatre-vingt-cinq de juniores. De là deux bans, l'armée active et la réserve. Ils sont l'un et l'autre organisés avec une similitude parfaite, et ne diffèrent que par leur destination : le premier seul peut faire campagne ; le second n'est appelé qu'en cas de péril extrême pour la défense des murs de la ville.

a) — L'équipement du soldat romain se modifie suivant les classes, ainsi que nous l'apprend Tite-Live [1].

Pour la première classe, les armes défensives, *tegumenta corporis*, sont le casque, *galea*, le bouclier rond, *clipeum*, la cuirasse, *lorica*, et les jambières, *ocreæ* [2]. Les armes offensives, *tela in hostem*, la lance, *hasta*, et l'épée, *gladius*. Les premières doivent être en métal de cuivre, *ex ære*.

L'équipement de la seconde classe est identique, si ce n'est la disparition de la cuirasse et le remplacement du bouclier rond par le bouclier long, *scutum pro clipeo*. D'après Mommsen, ce bouclier ne différait pas seulement par la forme, mais encore par le métal : il était en bois au lieu d'être en cuivre.

Mêmes armes pour la troisième classe, *nec de armis quicquam mutatum*; suppression des jambières, *ocreæ tantum ademptæ*.

Changement complet pour la quatrième ; plus d'armes défensives ; comme seules armes offensives la lance et le dard, *nihil præter hastam et verutum*.

La cinquième classe n'a plus que la fronde, *frondus*, et ne peut opposer à l'ennemi qu'une grêle de pierres, *lapides missiles*.

---

[1] *Annales*, livre 1, § 43.
[2] Nisard, traduit *ocreæ* par bottines.

Ces différents équipements sont d'ailleurs impérative-
ment requis, *arma his imperata*, et doivent être présentés
lors du recensement.

b) — Cette organisation militaire, si différente des
organisations modernes, où l'on vise au contraire à l'u-
niformité, s'explique par l'ordre de bataille primitivement
adopté à Rome. Cet ordre est la phalange, cette vieille
disposition grecque que Philippe ne fit qu'approprier au
caractère particulier de sa nation. Toute grecque est en
effet l'armée de Servius. L'arme offensive par excellence,
le texte de Tite-Live en est la preuve, est la lance, et l'on
oppose à l'ennemi quatre fois autant de pointes qu'il y a
d'hommes au premier rang. Les frondeurs combattent
hors du rang et engagent le combat. Tous les autres
forment un bataillon serré.

Les citoyens de la première classe sont employés
comme chefs de files ou placés aux files extérieures qui
peuvent au moyen d'une évolution devenir têtes de
colonne. C'est ce qui explique la différence d'armes défensives. Le riche, qui est toujours au premier rang, est
bien plus exposé aux coups de l'ennemi ; le pauvre au
contraire est protégé par ceux qui, plus élevés dans la
hiérarchie sociale, occupent au moment du combat un
poste plus dangereux. Et cette disposition s'accorde par-
faitement avec ce principe que le soldat doit s'équiper à
ses frais : car les frais d'équipement diminuent en même
temps que la fortune.

La phalange a depuis longtemps disparu : les balles
et les projectiles de l'artillerie ont forcé les tacticiens
modernes à abandonner l'ordre serré qui offrait à l'ennemi un but trop facile à atteindre. Et c'est l'ordre dis-
persé qui est aujourd'hui enseigné, aussi bien dans

l'armée française que dans l'armée allemande. Ouvrez
cependant une école de compagnie, et vous verrez que,
pour le combat contre la cavalerie, la chaîne de tirail-
leurs est ralliée, et que la disposition adoptée, sans être
identique à la phalange, s'en rapproche du moins quelque
peu. Or, sous Servius, c'était souvent ce combat qui
décidait du sort d'une bataille : certains tacticiens modernes ne devraient donc pas parler d'une manière si
irrévérencieuse de cette vieille institution militaire, dont
ils se sont sont parfois souvenus.

c) — La première ligne de bataille s'appelle *classis*.
Et ce mot, s'il a de bonne heure perdu son sens primitif
relativement à l'armée terrestre, l'a toujours conservé
relativement à la guerre maritime. Le *classicus* est donc
le soldat qui combat au premier rang ; et, sous Servius,
ce périlleux honneur est réservé exclusivement aux
citoyens de la première classe : ceux-là seulement sont
des *classici*. Nous avons déjà (pages 27 et 28) cité deux
textes, l'un de Festus, et l'autre d'Aulu-Gelle qui corro-
borent cette opinion.

Nous devons ajouter qu'il n'est point d'autres textes
qui emploient dans ce sens le mot *classis*. Festus lui-
même le considère souvent comme synonyme d'*exercitus* : *Classis procincta est exercitus instructus* [1].
Willems en a conclu que ce terme de *classici* s'appliquait
également aux citoyens des cinq classes. Il fait observer
que les textes cités se rapportent à la loi Voconia, et
prétend qu'à cette époque le cens de la cinquième classe
était de cent vingt-cinq mille as sextantaires.

Version inadmissible ! Aulu-Gelle définit les *classici* :

---

[1] Au mot *classis*.

Non omnes qui in quinque classibus erant, sed primæ tantum classis homines. Dans le discours sur la loi Voconia où il a trouvé cette définition, Caton l'Ancien recherche ce qu'est, non pas à l'époque de la loi, mais sous Servius, le *classicus* et l'*infra classem*. D'ailleurs sous la loi Voconia le cens de la cinquième classe était toujours de douze mille cinq cents et non de cent vingt-cinq mille as. Il faut donc s'en tenir à l'étymologie et considérer *classicus* comme synonyme de citoyen propre au service complet.

Mais lorsque les centuries Serviennes perdirent leur caractère militaire, et que la *classis* n'eut plus de rapport avec elles, le mot prit, comme il le fait déjà dans un titre législatif de 643, et constamment dans Cicéron, une corrélation exclusivement politique et une signification nouvelle : on entend par là désormais les séries de sections de l'infanterie venant voter les unes après les autres, ce qui fait que les centuries obligées au service complet, qui formaient antérieurement seules la *classis*, forment désormais la *prima classis* [1].

Et par corrélation les centuries suivantes se présentent comme les deuxième, troisième, quatrième et cinquième classes.

II. — Occupons-nous maintenant des individus astreints à un certain service, quoique dépourvus d'armes.

a) — La fortune des citoyens possédant moins de douze mille cinq cents as avait été considérée comme insuffisante pour leur permettre de s'équiper à leurs

---

[1] Mommsen, *Manuel des Antiquités romaines*, livre VI, 1re partie, page 298.

frais ; mais la disposition militaire que nous venons d'étudier permit aux censeurs d'employer en temps de guerre tous ceux qui avaient plus de quinze cents as.

Ces *accensi* ou *velati* ne recevaient aucune éducation militaire, et ils suivaient l'armée sans armes. Au début du combat, ils se trouvaient en dehors et derrière le dernier rang de la phalange. C'était dans ce rang qu'ils venaient ensuite se placer, lorsque des *assidui* avaient trouvé la mort en combattant. La tactique romaine ordonnait en effet à celui qui suivait immédiatement le soldat mis hors de combat de prendre sa place. Quoiqu'ils ne fûssent pas habitués au service des armes, les *accensi* étaient capables de remplir la mission qui leur était confiée : ils n'avaient qu'à suivre le mouvement de la masse qui leur enseignait la marche et la manœuvre. Étant adjoints à l'armée comme hommes d'excédent, ils n'avaient point de chefs spéciaux et devaient obéissance aux centurions de l'infanterie.

Quelques auteurs prétendent qu'ils devaient aussi obéissance aux décurions de la *turma*. C'est assurément une erreur : le service dans la cavalerie exigeait en effet des connaissances spéciales que n'avaient pas les *accensi* : ils ne pouvaient donc point remplacer les *equites* morts en combattant.

Le nombre des *velati* devait être bien supérieur à cent vingt. C'est du moins ce que permet de supposer leur genre de fonctions, mais pour eux aussi on distinguait un chiffre normal et un chiffre effectif. Nous voulons dire que ce service n'était pas permanent, et que les censeurs faisaient un choix chaque année entre les citoyens que leur fortune désignait pour remplir cette mission.

b) — L'histoire contient peu de détails sur le rôle des *fabri tignarii* et *ærarii*, des *liticines* ou *tubicines* et des *cornicines*.

Les *fabri* étaient, le nom l'indique, chargés de construire et de faire mouvoir les machines de guerre si en usage à Rome. Peut-être aussi avaient-ils la direction des travaux de circonvallation considérés comme nécessaires pour assiéger les villes.

Les *tubicines* et les *cornicines* donnaient sans doute le signal du combat, et devaient, par des sonneries guerrières, exciter l'ardeur belliqueuse des soldats. On les employait également pour donner plus d'éclat au triomphe des généraux vainqueurs.

SECTION III

TRANSFORMATION DU SERVICE MILITAIRE

SOMMAIRE : I. Le service militaire sous Polybe. — II. Le service militaire sous Marius. — III. Le service militaire sous l'Empire.

Toutes les institutions humaines sont appelées à disparaître après une durée plus ou moins longue. C'est ce qui arriva à l'organisation militaire Servienne. Tant que les Romains conservèrent la rigidité de mœurs qui avait fait la force de leur nation, les riches se firent un devoir et considérèrent comme un honneur de combattre aux postes les plus dangereux; mais quand l'introduction des mœurs grecques et d'une civilisation raffinée eut amolli les caractères, les anciennes distinctions des classes se nivelèrent peu à peu.

I. — Du temps de Polybe, on ne distingue déjà plus cinq équipements divers. La différence entre les trois premières classes et les deux dernières se manifeste encore quelque peu dans la composition de la légion, avec ses trois mille hommes complètement équipés et ses douze cents équipés à la légère. Les progrès de l'art militaire ont sans doute modifié les règles suivies jadis par les censeurs, mais si le temps de service est devenu le premier principe de disposition des hommes, la fortune exerce cependant une certaine influence sur le choix des magistrats.

En outre la vieille distinction entre les cent quatre-vingt-huit centuries d'hommes armés et les cinq centuries d'hommes non armés est encore en pleine vigueur. Si la population astreinte au service n'est plus la même, si la fortune a été substituée à la propriété immobilière, si le cens a été réduit de douze mille cinq cents à quatre mille as, ces modifications s'appliquent également au vote, et l'identité entre le *jus suffragii* et le *jus militiæ* subsiste toujours.

II. — Sous Marius au contraire la transformation est complète. Cet ambitieux, qui par de belles promesses avait cru gagner la faveur de la plèbe, et pour qui *egentissimus quisque opportunissumus* [1], remplaça le *dilectus* par la levée en masse à laquelle on n'avait eu

---

[1] Salluste, *Jugurtha*, § 86.

recours avant lui que dans des circonstances exceptionnelles. *Marius* (en qualité de consul de 647) *inter ea
milites scribere*, dit Salluste, *non more majorum neque ex classibus, sed uti cujusque libido erat capite cen-
sos plerosque* [1].

Le magistrat enrôle donc tous ceux qui se présentent,
sans s'occuper des sommes pour lesquelles ils sont inscrits sur le cens. L'obligation de servir et le droit de
faire des levées n'ont pas été supprimés en principe ;
l'histoire nous révèle pendant les guerres civiles de fré-
quents enrôlements forcés dans les légions; mais la plus
grande partie des légionnaires est formée de volontaires appartenant aux couches inférieures de la population. Tous sont équipés, soit à leur frais, soit aux frais
de l'État, si leurs ressources ne leur permettent pas de
subvenir à cette dépense. Le pauvre n'est plus obligé
d'attendre la mise hors de combat du riche pour prendre
part à la bataille et se servir d'armes défensives ou offensives. Le *capite census* lui-même au bout d'un certain
temps de service peut obtenir le poste d'honneur. Il est
en effet toujours donné à l'ancienneté. Elle seule établit
une différence parmi les soldats de Marius.

La légion n'est plus de quatre mille hommes comme
sous Servius. Elle ne comprend plus comme du temps
de Polybe les trois mille hommes complètement équipés
et les douze cents équipés à la légère. Elle compte
six mille fantassins et trois cents cavaliers. Les fantassins se subdivisent en *hastati*, placés sur la première
ligne avec des piques ou plus tard des javelots, en *principes* avec leur pesante armure, et en vieux soldats ou

---

[1] *Jugurtha*, § 86.

triarii qui forment l'arrière-garde. Sur les flancs et en queue se trouvent des troupes légères *(velites)*.

III. — Sous le gouvernement impérial, les hommes des classes élevées ne servent qu'à titre exceptionnel. Ceux qui ont le cheval équestre seuls sont obligés de remplir les fonctions d'officiers. Et, si en droit le vieux principe de l'exclusion des non-citoyens du service régulier subsiste encore, en fait il n'en est tenu aucun compte : pour obtenir la concession du droit de cité, il suffit de demander à servir dans les légions. Les historiens eux-mêmes ont peine à connaître l'organisation Servienne pour la relater dans les vieilles annales, et l'on peut appliquer au service militaire ce mot du poète :

Quantum mutatus ab illo...

CHAPITRE III

DES COMICES CENTURIATES

SECTION PREMIÈRE

COMPÉTENCE DE L'ASSEMBLÉE CENTURIATE

De même que les centuries sont une institution tripar-tite, les comices centuriates ont une triple mission. Ils sont investis d'attributions législatives, judiciaires et électorales. Avant d'étudier leur compétence, il nous a semblé utile d'examiner le caractère de la « *lex romana* ».

§ 1. — CARACTÈRE DE LA LEX ROMANA

SOMMAIRE : I. Conditions auxquelles le peuple est capable d'agir : *a*) caractère bilatéral de l'acte; *b*) comparution personnelle des ci-toyens; *c*) disposition du peuple. — II. De la *lex rogata* et de la *lex data*.

Cette étude a été faite d'une manière très remar-quable par Mommsen, et nous nous bornerons ici à une analyse aussi exacte que possible, parfois même littérale de cet intéressant travail [1].

I. — La plupart des constitutions modernes sont ba-sées sur le principe de la souveraineté nationale. Le

---

[1] *Manuel des Antiquités romaines*, tome VI, 1re partie, page 344 et suiv.

peuple seul a le pouvoir législatif et ce sont les élus du peuple qui nomment celui où ceux qui sont investis du pouvoir exécutif. Cette souveraineté est au contraire refusée à l'ensemble des citoyens romains. Est considéré comme acte de l'État, soit l'acte accompli par le magistrat dans les limites de sa compétence, soit, lorsqu'on est en dehors de cette compétence, l'accord conclu dans des formes déterminées entre lui et les citoyens rassemblés dans l'ordre légal.

Ces assemblées ne sont capables de vouloir et d'agir que si trois conditions sont réunies : l'acte doit avoir un caractère bilatéral exprimé par une interrogation et une réponse ; les citoyens en droit de voter doivent personnellement y concourir ; il doit être accompli dans la forme de disposition du peuple prescrite par la constitution.

a) — Le magistrat est le représentant naturel de l'État ; il peut donc agir seul ; sans le concours des magistrats les citoyens sont impuissants. Le changement de magistrats lui-même n'implique pas d'acte unilatéral, même à l'époque où il n'y a pas d'autre magistrat que le roi. Quand le roi meurt, le conseil de la cité, composé de rois dont les pouvoirs sont en suspens, rentre en activité. Supprimez les magistrats, et vous anéantirez par contre-coup la puissance de décision du peuple. Romulus est antérieur au *populus romanus*. La résolution populaire nous apparaît comme un traité conclu entre les citoyens et le magistrat. Si les deux parties tombent d'accord, le contrat est formé. Et comme c'est un contrat consensuel, il faut lui appliquer la règle commune à tous les contrats de cette espèce : *Ex obligationes quæ consensu contrahuntur contrariâ voluntate*

6

dissolvuntur [1]. Mais les rôles des deux parties sont loin d'être identiques. Le magistrat pose la question : *vos rogo, Quirites*. Il la pose parce qu'il le veut bien ; jusqu'à ce qu'il y ait été répondu, il peut la modifier à son gré ou la retirer. Le peuple n'a pas au contraire le droit de poser au magistrat la question de savoir s'il est d'accord avec lui pour telle ou telle chose. Il ne peut qu'accepter ou refuser la proposition qui lui est faite ; il ne lui est pas permis de la modifier. Il n'a qu'à répondre par oui ou par non. La preuve en est dans le nom même donné à la loi ainsi faite : on l'appelle *rogatio*, question. Le temps modifia cette règle en matière électorale, mais nous n'y connaissons qu'une exception en matière judiciaire ou législative.

Lors du jugement rendu en 544 contre les citoyens romains de Capoue, le peuple fut interrogé par ces mots : *De iis rebus quid fieri velitis vos rogo, Quirites*. La réponse devait avoir été arrêtée à l'avance ; car elle fut celle-ci : *Quod senatus juratus maxima pars censeat qui adsient id volumus jubemusque* [2].

Avec le système représentatif, il est possible de demander aux élus du peuple ce qu'ils veulent : un semblable procédé était impraticable à Rome où le peuple entier devait se prononcer [3].

b) — Une seconde condition de validité de l'acte législatif est la comparution personnelle des deux parties.

---

[1] *Institutiones Justiniani*, livre III, titre XXIX, § 4.

[2] Tite-Live, *Annales*, livre XXVI, § 33.

[3] Il existe une certaine analogie entre la rogatio romaine et le referendum suisse. Il est en effet certaines lois déterminées par la constitution fédérale de 1876 qui doivent être soumises à l'approbation du peuple. Après l'adoption de l'une de ces lois par les autorités fédérales, les citoyens suisses sont convoqués pour se rassembler en comices. Ils

Cette règle s'applique aux comices, la forme de l'interrogation orale suffit pour l'établir. Mais l'idée de la représentation est admise en ce sens que même les absents et ceux qui ne sont pas encore nés sont liés par l'acte des citoyens qui ont comparus au jour et au lieu fixés.

c) — Il ne suffit pas d'ailleurs de la comparution du peuple ; il faut en outre qu'il soit distribué en un certain nombre de fractions légalement constituées : ce n'est pas en effet le *populus* qui décide ; mais la majorité des curies, des centuries, des tribus. C'est ce qui est exprimé par le mot qui désigne ces sortes d'assemblées. On ne les appelle pas *comitium*, mais *comitia*, les rassemblements. Le pluriel est ici intentionnel.

Les *comitia* sont généralement précédés de certaines réunions où sont discutées les *rogationes*. Nous faisons allusion aux *contiones*. Le peuple peut y exprimer clairement son avis. Mais cette déclaration ne produit aucun effet en droit ; elle n'a rien d'obligatoire parce que le peuple n'était pas disposé légalement.

Ajoutons que le contrat ainsi conclu par l'accord du magistrat et du peuple n'a force de loi que si les *Patres* l'ont sanctionné. Nous reviendrons plus tard sur la nécessité de cette *auctoritas Patrum*.

II. — Nous pouvons donc définir la *lex rogata* l'engagement d'un sujet de droit envers un autre, en ce sens qu'une partie formule les conditions de l'engagement et

---

ne peuvent qu'accepter ou refuser la proposition et n'ont pas le droit d'amendement. S'ils rejettent le projet, les autorités fédérales peuvent le modifier et le soumettre de nouveau au peuple. Le projet ainsi modifié est-il accepté, il devient une loi obligatoire dans toute l'étendue du territoire suisse.

a l'initiative, tandis que l'autre se soumet à ces conditions.

C'est cette situation prépondérante de l'un des contrac-
tants qui est la caractéristique du système législatif romain. En la forme la question posée au peuple par le magistrat tend toujours à savoir s'il veut, *velle*, ou s'il tient
pour légal, *jubere*. La formule de la rogation est celle-
ci : *velitis jubeatis ut vos... Quirites, rogo.* Aulu-Gelle
et Tite-Live l'affirment. Voilà pourquoi Gaïus définit la
lex : quod populus jubet atque constituit[1]. Définition
incomplète qui permettrait d'attribuer aux comices un
pouvoir de décision absolu, et qui n'est exacte qu'à
la condition d'être rapprochée de celle du jurisconsulte
Ateïus Capito, rapportée par Aulu-Gelle : *Generale
jussum populi aut plebis rogante magistratu*[2].

La *rogatio* ou *lex rogata* ne doit pas être confondue
avec la *lex* proprement dite. Cette dernière expression est
plus génénale : *Inter legem et rogationem hoc interest :
rogatio est genus legis, quæ lex non continuo ea rogatio
est : rogatio non potest non esse lex, si modo justis comitiis rogata sit* [3]. A côté de la *lex rogata*, nous trouvons en effet à Rome la *lex data*. La consultation de l'assemblée du peuple n'est nécessaire que pour les actes publics qui ne rentrent pas dans la compétence des magistrats. Pour tous les autres actes de l'État, il n'est pas
besoin d'interrogation, et les citoyens sont forcés de se
soumettre à l'ordre du magistrat, quoiqu'ils n'y aient pas
donné leur consentement.

Nous n'insisterons pas davantage sur la *lex data*. Elle

---

[1] *Institutiones, Commentaire*, I, § 3.
[2] *Nuits Attiques*, livre X, chapitre xx.
[3] Ælius Gallus dans *Festus*, page 266.

ne rentre pas dans notre sujet : nous n'en avons parlé que pour rendre plus compréhensible le rôle des comices centuriates, dont nous allons maintenant étudier les attributions relativement aux *leges rogatæ*.

§ 2. — ATTRIBUTIONS LÉGISLATIVES DES COMICES CENTURIATES

SOMMAIRE : I. De la compétence des comices. — II. De l'initiative en matière de législation centuriate. — III. Des *contiones*. — IV. Du vote des lois. — V. De l'*auctoritas Patrum*. — VI. De la rédaction de la loi. — VII. De quelques règles spéciales. — VIII. Comparaison entre la législation centuriate et la législation du premier Empire.

Les attributions législatives sont les plus anciennes. L'élection des magistrats et la justice criminelle ne sont rentrées que plus tard dans la compétence des comices sans doute sous la République ; et, sur ce point encore, l'histoire doit s'écarter de la légende qui considère les assemblées populaires comme investies dès le début de leur triple mission.

I. — C'étaient avant Servius les comices curiates qui devaient νομοὺς ἐπικυροῦν καὶ περὶ πολέμου διαγινώσκειν. Mais peu à peu les magistrats prirent l'habitude de soumettre les *rogationes* aux *comitia centuriata*. La compétence des comices curiates fut restreinte à certaines questions de droit privé et à cette fameuse *lex de imperio* qui était indispensable pour que les magistrats fussent investis de l'*imperium ;* et encore les censeurs devaient s'adresser aux comices centuriates, auxquels fut réservée de tous temps la *lex de censoriâ potestate.*

Pendant plusieurs siècles, la compétence des comices centuriates ne fut donc limitée en matière de droit public que par les *leges datæ*. De là leur nom de *comitiatus maximus*. Ce sont les citoyens distribués par centuries qui se prononcent :

1° Sur la concession ou le retrait du droit de cité à certaines villes ou à certains peuples.

2° Sur la concession ou le retrait du droit de suffrage dans les mêmes cas.

3° Sur le règlement des magistratures soit pour créer une charge nouvelle, soit pour donner plus d'importance à une charge déjà ancienne.

4° Sur la réglementation des droits et des devoirs des citoyens. Dans cette catégorie se placent les lois qui établissent les droits politiques proprement dits, les lois qui concernent les relations et les mœurs des citoyens, les lois sans nombre relatives au prêt, au cautionnement et au taux de l'intérêt.

5° Sur la dissolution des conventions internationales. Le magistrat peut, si bon lui semble, consulter le peuple avant de conclure un traité international; souvent même il impose à la partie adverse comme condition *sine quâ non* la ratification du peuple. Mais en droit le *fœdus* fait partie de la compétence du magistrat et n'exige pas la participation des citoyens. La guerre au contraire ne peut être déclarée que par les comices centuriates. Nous voulons parler ici de la guerre légitime et forcée, de celle qui est rendue nécessaire par la violation du *fœdus*. Le peuple n'intervient pas dans les relations de Rome et des cités avec lesquelles il n'y a pas de traité : que ces relations soient amicales ou hostiles, elles ne constituent pas en effet des rapports juridiques.

Tout autre est la situation quand une cité fédérée a violé le pacte d'alliance ; si les réclamations des fétiaux n'ont produit aucun résultat, le consul ne peut entrer en campagne avant le vote de la *lex de bello indicendo*. En fait, il arriva souvent que le Sénat ordonna de lui-même les premières mesures défensives, que les gouverneurs de province prétextèrent des violations de territoire, mais en droit la règle fut toujours maintenue. La preuve en est dans Tite-Live.

En 325 de Rome, nous apprend-il [1], cette attribution des comices centuriates avait été contestée : on prétendait qu'un sénatus-consulte était suffisant. Mais cette opinion ne fut pas admise, et l'on décida que la question de paix ou de guerre intéressant l'honneur et la vie des citoyens ne pouvait être tranchée que par voie législative.

Ce même auteur nous montre le *comitiatus maximus* réuni pour déclarer la guerre au Véiens en 327 de Rome [2], à Philippe de Macédoine en 554 [3], à Persée en 583 [4].

Parmi les lois célèbres votées par les centuries, citons la *lex Valeria de provocatione*, la *lex Aternia Tarpeia* ou législation décemvirale, les *leges Valeriæ et Horatiæ*, les *leges Publiliæ Philonis* et enfin la *lex Hortensia* de l'an 468.

Les plébéiens s'étaient pour la troisième fois retirés de Rome, et étaient campés sur le Janicule. Le dictateur Hortensius, voulant éviter une guerre civile, parvint à faire accepter aux comices centuriates cette fameuse loi Hor-

---

[1] *Annales*, livre IV, § 30.
[2] *Annales*, livre IV, § 30.
[3] *Annales*, livre XXXI, § 6.
[4] *Annales*, livre XLII, § 30.

tensia. D'après Pline l'Ancien, elle était ainsi conçue :
Ut plebiscitæ omnes Quirites tenerent [1]. Cette décision
pouvait être patriotique, mais elle eut pour résultat d'a-
néantir la puissance législative de l'assemblée qui l'avait
adoptée. Les *rogationes* furent alors soumises par les
consuls et les préteurs aux *comitia tributa*. C'était un
moyen de gagner la faveur du peuple, et aussi de rendre
plus facile l'observation de la loi, les plébéiens étant
toujours plus disposés à se soumettre aux décisions qui
avaient été votées par leurs assemblées.

Et un demi-siècle après la dictature d'Hortensius les
centuries ne se réunissent plus que pour la *lex de censoria potestate* et la *lex de bello indicendo*. La logique
exigeait que les comices basés sur le cens et formés par
l'*exercitus urbanus* tranchâssent ces deux graves questions.

II. — L'initiative d'une loi centuriate appartient à
Rome aux deux consuls ou à l'un d'entre eux, sauf
en ce cas la possibilité de l'*intercessio paris magistratus*. Elle est prise aussi parfois par les préteurs, et
principalement par le préteur urbain. Avant d'être soumises aux assemblées populaires, les *rogationes* étaient
toujours discutées dans le Sénat dont l'approbation
préalable était considérée comme nécessaire. Tous les
auteurs sont d'accord sur ce point. Tite-Live [2] raconte
qu'un préteur voulut soumettre aux centuries un projet
de déclaration de guerre sur lequel le Sénat n'avait pas
été consulté. Il dut le retirer devant le *veto* d'un tribun

[1] *Histoire naturelle*, livre XVI, § 15.
[2] *De Bello civili*, livre I, § 59.

qui faisait valoir cette absence d'approbation. Sous Sylla, nous dit Appien, la loi n'était parfaite que si les *Patres Conscripti* y avaient donné leur adhésion avant le vote ; et Denys d'Halicarnasse [1] s'exprime dans les mêmes termes.

Était-ce-là une vieille tradition ou une obligation légale ? C'est ce qu'il est plus difficile d'établir. Le texte de Denys d'Halicarnasse semble devoir être interprété dans ce dernier sens ; mais comme cet historien relate une formalité qui n'existait plus de son temps, il a pu prendre un usage constant pour une règle législative. Et il ne faut peut-être voir là qu'une marque de déférence de la part des consuls pour l'assemblée qu'ils présidaient. Ce qui le laisserait supposer, c'est qu'Appien semble dire qu'en rendant cette règle obligatoire, Sylla rétablit une coutume de l'État patricien. L'opinion d'Appien est corroborée par certains textes attestant que dans les dernières années de la République, les consuls n'observèrent pas toujours cette formalité : non seulement César ne soumit pas au Sénat la loi *Julia agraria* ou *lex de agro campano dividendo*, mais il la fit même voter malgré l'opposition formelle des *Patres Conscripti :* il est vrai que cette *rogatio* ne fut pas soumise aux centuries, mais aux *comitia tributa*.

Une fois cette approbation préalable obtenue, la proposition est publiée et affichée sur des cadres ou tableaux.

III. — La *rogatio* peut alors être discutée dans des *contiones* ou réunions publiques, assez semblables à nos réunions électorales. Le président de ces assemblées

---

[1] *Antiquités romaines*, livre V, § 7.

donne la parole à ceux qui la lui ont demandée. Le *lator legis* ou l'un de ses partisans développe son projet, et cherche à le faire adopter par les assistants.

A côté de ces discours persuasifs, *suasiones*, nous trouvons des harangues véhémentes prononcées par les adversaires de la proposition. Quelques-unes de ces *dissuasiones* n'ont pour but que d'obtenir des modifications plus ou moins importantes ; chacun peut proposer ses corrections, comme l'affirment Denys d'Halicarnasse et Tite-Live dans leur récit sur l'origine des douze Tables : *in medium quid in quaque re plus minusve esse conferrent*. Si l'assemblée semble admettre l'une de ces opinions nouvelles, le *lator legis*, quoiqu'en pense Mommsen, peut modifier son projet. Il peut même le retirer, s'il voit que l'assemblée centuriate n'y sera pas favorable. Nous ne savons pas d'ailleurs si, en cas de modifications, une nouvelle approbation du Sénat est nécessaire.

Parmi les *dissuasiones* célèbres qui nous sont parvenues, citons les deuxième et troisième discours de Cicéron : *de lege agraria*, dans lesquels le grand orateur combat énergiquement le projet de Servilius Rutilius.

Les *contiones* avaient lieu d'ordinaire autour de la tribune aux harangues, parfois au théâtre. Les comices centuriates se réunissant au Champ de Mars, la distance ne permettait pas pour les lois qui leur étaient soumises de tenir des réunions préparatoires le jour du vote, comme cela était d'usage pour les assemblées curiates.

IV. — Le jour fixé, le peuple se rend au Champ de Mars, et le magistrat lui soumet la *rogatio*. C'est alors que s'accomplit le vote au milieu de nombreuses formalités que nous étudierons dans la seconde partie de notre chapitre. Dès lors, il y a accord entre le magistrat et le peuple ; mais la *rogatio*, du moins sous la royauté et dans les premiers siècles de la République, n'a pas encore force de loi : il lui manque l'*auctoritas Patrum*.

V. — Que faut-il entendre par *auctoritas Patrum ?* Une approbation patricienne évidemment. Mais d'après quelle disposition sont réunis les patriciens pour remplir cette mission législative ?

En comices par curies, répond M. Labbé. Ce ne sont pas là, ajoute-t-il, des assemblées exclusivement patriciennes, mais le mode de votation est tel que les patriciens sont certains d'y faire prévaloir leur opinion. Quand cette auctoritas devint une simple formalité, les membres des vieilles *gentes* cessèrent de s'y rendre, et les *comitia curiata* ne se composèrent plus que de trente licteurs.

Tel n'est pas notre avis et tel n'est pas non plus l'avis général. Nous aimons mieux penser qu'il s'agit d'une vieille prérogative du Sénat patricien. Quand les plébéiens furent admis dans cette assemblée, ceux qui l'avaient composée jusqu'à ce jour se réservèrent du moins le droit de sanctionner les lois ; l'éthymologie du mot ne laisse guère de doute : les *Catilinaires* de Cicéron commencent toujours par cette expression : *Patres Conscripti*, et l'histoire nous révèle que tandis que le terme *Conscripti* désigne les sénateurs plébéiens, *Patres* est synonyme de sénateurs patriciens.

Ce souvenir de l'ancien temps ne pouvait subsister dans un État, où la plèbe par l'énergie de ses tribuns voyait chaque jour augmenter ses droits et ses prérogatives. L'an 415 de Rome, le dictateur Publilius Philo,

l'un des plus ardents adversaires de l'aristocratie de race,
comprenant que les *Patres* ne donneraient jamais leur
auctoritas à une *rogatio* qui aurait justement pour but
de supprimer cette *auctoritas*, chercha à obtenir pour
les lois ce que le consul Mœnius avait obtenu pour les
élections, et il fit décider : *Ut legum, quæ comitiis cen-*
turiatis ferrentur, ante initum suffragium Patres auc-
tores fierent.

En fait il était arrivé rarement que les *Patres* ne
donnassent pas leur approbation à une loi votée par les
Centuries : mais ils en avaient du moins le droit. Depuis
la *lex Publilia*, ils ne peuvent refuser cet assentiment
qui précède maintenant la réunion du peuple, et qui sera
peut-être inutile, puisqu'il est donné *in incertum comi-*
tiorum eventum.

Le pouvoir dont était investi le dictateur avait seul
permis d'obtenir ce résultat : et la noblesse patricienne
voulut profiter de la première occasion favorable pour
reconquérir cette prérogative. L'*interrex* Appius Claudius Cæcus (an 454 de Rome) chercha à la faire revivre,
mais son projet échoua grâce à l'attitude énergique du
tribun Curius Dentatus. La *lex Publilia* subsista tant que
durèrent les comices centuriates.

VI. — Les lois définitivement adoptées prennent le
nom gentilice de celui ou de ceux qui les ont proposées.
On les appelle aussi *Leges consulares decemvirales*, ou
prætoriæ selon qu'elles ont eu pour *auctores*, des consuls, des dictateurs, des décemvirs ou des préteurs.

Quelques textes parvenus jusqu'à nous et plusieurs inscriptions nous révèlent la forme ou la
rédaction des lois romaines. Quand elles sont com-

plètes, *perfectæ*, elles renferment trois parties :

1° Le préambule : *præscriptio legis*. Il indique le nom du magistrat qui a interrogé le peuple, ou, en d'autres termes, qui a présidé les comices, *cum populo agere*, le lieu et le jour de la réunion, le nom de la centurie consultée la première, et enfin le nom du citoyen qui a le premier donné son avis : formalités qui supposent que le premier votant était toujours un personnage illustre et s'étant déclaré favorable à la proposition. Voici l'un de ces préambules : il est postérieur à la réforme des centuries qui eut lieu en 534 et que nous étudierons plus loin : *T. Quinctius Crispinus consul populum jure rogavit populusque jure scivit in campo Martio primo kalendas junias : centuria Veturia juniorum prærogativa fuit ; L. Varro primus scivit.*

2° Le texte de la loi. La loi est divisée en rubriques ou chapitres. Les Romains tiennent avant tout à la précision, ce qui entraîne souvent des redites et des incorrections. Le style est traînant.

3° La sanction. Une loi sans sanction, *in qua nulla deviantibus pæna sancitur*, est dite *lex imperfecta*.

La sanction est-elle incomplète, la *lex est minus quam perfecta* : telles sont celles, qui, établissant certaines prohibitions, n'annulent pas les actes faits malgré ces prohibitions et se bornent à affliger une peine à ceux qui les ont accomplis : *quæ vetat aliquid fieri, et, si factum sit, non rescindit ; sed pænam injungit ei qui contrà legem fecit.*

VII. — La loi reste en vigueur tant qu'elle n'est pas abrogée, modifiée ou tombée en désuétude : *Lex*, dit un texte, *aut rogatur, id est fertur ; aut abrogatur, id est prior lex tollitur ; aut derogatur, id est pars primæ legi tollitur ; aut subrogatur, id est addicitur aliquid primæ legi ; aut obrogatur, id est mutatur aliquid ex prima lege.*

On avait cherché à rendre cette abrogation plus difficile pour certaines lois en déclarant qu'elles ne pourraient être supprimées tacitement en tout ou en partie en même temps que d'autres, *per saturam*, et qu'elles devraient l'être par une loi spéciale et explicite.

Il est même quelques dispositions législatives qui ont toujours été considérées par le peuple romain comme irrévocables. Ce sont celles auxquelles les citoyens ont prêté serment avec des formules d'imprécation d'une gravité exceptionnelle.

Elles ont pour but soit de résoudre certaines questions longtemps débattues entre les deux ordres, soit de garantir aux plébéiens certaines libertés. On les appelle *leges sacratæ*, expression tirée de *sacer* : celui qui violait le pacte devant être livré aux dieux.

Au point de vue du droit, ces lois ne sont évidemment que des contrats verbaux, pouvant être révoqués par le mutuel dissentiment des deux parties. Mais les solennités religieuses leur donnent un caractère particulier : leur violation est considérée comme un acte injuste ; et si le peuple romain se reconnaît le pouvoir de commettre une injustice, il a la prétention de n'en commettre jamais.

Parmi les règles générales touchant à la forme et au contenu des lois spéciales, nous trouvons au premier rang celle qui interdit de présenter des projets dits *privilegia*, c'est-à-dire en vue d'une seule personne et surtout contre une seule personne, *in privos homines*.

Citons ensuite la prescription d'après laquelle un même projet ne peut renfermer des matières de nature différente [1].

Les Romains ne connaissent pas le grand principe de la non-rétroactivité des lois : et plusieurs lois édictant des pénalités déclarent criminels même les actes commis avant l'approbation des comices.

Certaines, notamment celle des douze Tables, prescrivaient leur exposition, mais la plupart du temps l'initiative de cette exposition fut prise par le magistrat. A l'époque primitive, on les inscrivait sur du bois ; plus tard on les grava sur du bronze, *in æs incidebatur*. Elles étaient ensuite suspendues au Capitole où les tables, *æra legum*, ainsi conservées formaient une sorte de recueil des lois. Trois mille, au témoignage de Suétone [2], furent détruites par l'incendie du Capitole pendant la guerre civile. Un second exemplaire, au moins depuis la loi Licinia et Junia était conservé dans l'*ærarium*. Une loi venait-elle à être abrogée, on enlevait la table sur laquelle elle était inscrite.

VIII. — Telles sont les attributions et la compétence des comices centuriates en matière législative. Nombreuses sont, comme on le voit, les formalités exigées pour que la *rogatio* devienne la *lex*.

En les étudiant, il nous est venu à l'idée qu'il y avait peut-être quelque analogie entre la législation centuriate et la législation du premier Empire. L'examen de la loi par le Sénat romain ne peut-il pas être comparé

---

[1] Cicéron, *De legibus*, livre III, § 4.
[2] Vespasien, § 8.

aux travaux préparatoires exécutés sous Bonaparte par le Conseil d'État ? Ces *contiones* où sont discutées les propositions ne ressemblent-elles pas quelque peu aux séances tumultueuses du tribunat ?

Les *centuriales*, réunis pour les comices, sont astreints au silence comme les députés du corps législatif. Et *l'auctoritas Patrum* peut être rapprochée du pouvoir conservateur du Sénat impérial. Les *Patres* romains comme les sénateurs de l'an VIII doivent en effet veiller au maintien de la constitution et empêcher les violations flagrantes du droit.

§ 3. — ATTRIBUTIONS JUDICIAIRES DES COMICES CENTURIATES

SOMMAIRE : I. De l'étendue du *jus provocationis*. — II. De la procédure du *jus provocationis*. — III. Du caractère du jugement du peuple. — IV. De la décadence du *jus provocationis*.

I. — Le tribunal du peuple, *judicium populi*, est pour les Romains la véritable expression de la souveraineté populaire. Il a été créé par la *lex Valeria* qui défendait : *ne quis magistratus civem romanum adversus provocationem necaret, neve verberaret*. Cette loi date de l'an de Rome 243. C'est donc avec la République qu'est né le *jus provocationis*. Rien de plus naturel : sous la royauté l'*imperium* est illimité, le roi est irresponsable. Il est donc libre d'admettre la provocation mais il n'y est pas pas obligé. Cette obligation ne peut naître qu'avec des magistrats responsables.

La loi des douze Tables (an 305 de Rome) réglemente le *jus provocationis : ab omni judicio pœnaque,*

dit Cicéron, *provocare licere indicant XII tabulæ com-
pluribus legibus*[1]. Elle le limite sous quatre rapports
différents :

1° La provocation, comme l'adrogation, exige la
participation aux comices et n'est pas accessible aux
femmes romaines ; elle est basée en effet sur cette idée
que tout homme a le droit d'être jugé par ses pairs : le
citoyen seul peut donc s'adresser à ses concitoyens.

2° La provocation n'est permise qu'en matière de juridiction criminelle et contre la coërcition du magistrat.
En sont exclus les délits religieux et toutes les sentences qui appartiennent soit à la justice administrative
exercée entre le peuple et un citoyen, soit à la justice
civile exercée entre citoyens.

3° La peine prononcée doit atteindre le *caput : de
capite civis nisi per maximum comitiatum ne ferunto*[2].

4° Sont seules sujettes à provocation les sentences
des magistrats *domi*, c'est-à-dire de ceux qui exercent
leurs fonctions soit à Rome, soit en-deçà de la première
borne milliaire. Et encore faut-il que ces magistrats
puissent convoquer les comices par centuries. Les décisions des préteurs et des consuls furent d'abord seules
soumises à ce *jus*. Mais il fallut bientôt y ajouter celles
de certains magistrats qui avaient coutume de diriger
la procédure aux lieu et place du consul ou du préteur.
Nous voulons parler des *duumviri perduellionis*, en
cas de crime politique, et des *quæstores parricidii*, en
cas de crime contre un particulier. Nous ne croyons
pas que ces magistrats aient eu le *jus cum populo*

---

[1] *De Republica*, livre II, § 21.
[2] Loi des XII Tables.

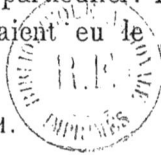

agendi : nous aimons mieux supposer qu'ils agissaient comme représentants du consul ou du préteur, et convoquaient les comices en vertu de leur autorisation formelle.

Le *jus provocationis* ne s'exerce pas à l'égard des décisions des magistrats *militiæ*. En est exempt le consul dans l'exercice de son *imperium* militaire. En est exempt aussi le dictateur : la dictature n'étant que le rétablissement temporaire de la puissance royale, l'*imperium* du dictateur doit être illimité.

Sous l'influence de la plèbe, ces limitations établies par les douze Tables ont été restreintes par un grand nombre de lois.

Une loi Valeria de 454 étend la provocation aux châtiments corporels.

Une loi Porcia (entre 631 et 646 de Rome), sans y soumettre les magistrats *militiæ*, les oblige, quand l'accusé le réclame, à l'envoyer à Rome pour y être jugé par les autorités romaines selon les règles en vigueur dans la capitale. Elle abolit ainsi par un procédé ingénieux la différence qui existait à cet égard entre l'*imperium* civil et l'*imperium* militaire.

Une autre loi dont nous ignorons le nom et la date permet d'appeler des décisions des tribuns devant les centuries. Cette réforme semble bizarre : les *comitia tributa* étant naturellement désignés pour remplir cette mission qu'ils exercèrent seuls pendant plusieurs siècles. En réfléchissant quelque peu, il est cependant aisé de comprendre combien facilement avait dû être adoptée une telle proposition. Elle était favorable aux patriciens qui préféraient faire juger la sentence tribunitienne par les centuries que par les assemblées de la plèbe : elle flattait l'orgueil des tribuns en leur permettant de con-

voquer sinon de leur propre autorité du moins avec
l'autorisation du magistrat *cum imperio* le *comitiatus
maximus* et de diriger l'instruction devant une assemblée
que sans cela ils n'auraient jamais présidée.

C'était le préteur et non le consul qui pouvait donner
l'autorisation nécessaire aux tribuns, s'il faut en croire
les documents qui nous sont parvenus. Cela semble
d'ailleurs assez naturel puisque le préteur était spécialement chargé de la *jurisdictio*.

Pendant la réaction dirigée contre le mouvement des
Gracques, le principe qu'une condamnation à mort ne
peut être exécutée contre un citoyen romain qu'après
que le peuple a été consulté subit une grave atteinte par
le vote du *senatus consultum optimum*. Celui-ci investissait dans certains cas les consuls d'un pouvoir quasi-
dictatorial, *videant consules ne quid respublica detri-
menti capiat* [1] et supprimait alors le *jus provocationis*.
Mais peu à peu il était rétabli et même renforcé par la
loi de C. Gracchus en 631 : *C. Gracchus legem tulit
ne de capite civium romanorum injussu vestrum judi-
caretur* [2].

II. — Il nous reste à étudier la procédure suivie
devant les comices par centuries.

Au début de tout procès se trouve la *quæstio* qui a
donné son nom aux premiers citoyens investis de fonctions judiciaires, les questeurs. C'est la procédure criminelle faite par le magistrat pour se procurer les renseignements dont il a besoin. Est-elle orale, ou doit-elle

---

[1] Cicéron, 1re *Catilinaire*, § 2.
[2] Cicéron, *Pro Rabirio ad populum*, § 4.

être rédigée par écrit ? Nous l'ignorons. Aucune règle ne s'impose au magistrat. Il peut se rendre sur le lieu du crime, recevoir des dénonciations, ouvrir des informations, entendre des témoins, s'adjoindre un *consilium*, même se faire remplacer par les *duumviri perduellionis* pour les crimes politiques et les *quæstores parricidii* pour les crimes contre les particuliers. Quand l'information est terminée, si l'affaire n'est pas sujette à provocation, le magistrat rend une sentence définitive.

Au cas contraire à la *quæstio* succède *l'anquisitio*. Devant le peuple assemblé le magistrat accuse le prévenu régulièrement assigné d'un crime déterminé et fait connaître la peine qu'il se propose de lui appliquer. Avant de dissoudre la *contio*, il convoque le peuple pour une nouvelle qu'il fixe soit au surlendemain, soit à un jour plus éloigné. C'est dans cette seconde réunion et dans deux autres fixées d'avance en observant l'intervalle d'un jour, *diem prodicere*, qu'ont lieu des débats contradictoires.

Le magistrat y remplit sans doute à la fois les fonctions de notre ministère public et de notre juge d'instruction, et cherche à accumuler les preuves par l'audition de nombreux témoins : car il ne peut tenir compte du témoignage d'un seul : *testis unus, testis nullus*, dit un vieil axiôme. L'accusé a le droit de se défendre. Ce droit est-il garanti par des dispositions légales ? C'est ce que nous ignorons, mais les plaidoyers de Cicéron sont une preuve certaine que les témoins à décharge devaient être entendus, et qu'un jurisconsulte ou un orateur pouvait prêter l'appui de sa science et de sa parole à celui sur le sort duquel on allait se prononcer.

C'était à la suite de ce troisième débat public que le magistrat rendait son jugement. Ce jugement était soit

un acquittement, soit une condamnation qui pouvait être
supérieure, égale ou inférieure à celle indiquée tout
d'abord. Dans le premier cas, le procès était terminé ;
dans le second le prétendu coupable était libre d'user du
jus provocationis. L'exerçait-il, le peuple était de nouveau convoqué, mais pour une date assez éloignée, le
délai du *trinum nundinum* (nous verrons plus loin ce
qu'il faut entendre par là) devant toujours séparer le jour
de la convocation du jour de la réunion. L'accusé pouvait cependant renoncer au bénéfice de ce délai.

Cette dernière assemblée n'est plus une *contio*, mais
un *comitiatus* : c'est l'*exercitus urbanus* qui juge. Et
le jugement doit être rendu le jour même. L'affaire ne
peut être renvoyée à un autre jour. Les auspices ne
sont-ils pas favorables, la condamnation prononcée par
le magistrat s'évanouit, et l'absence de décision du
peuple équivaut à une absolution : *Ut... si qua res illum
diem aut auspiciis aut excusatione sustulit, tota causa
judiciumque sublatum sit* [1]. Bien plus le même magistrat
ne peut reprendre l'accusation.

III. — On est loin d'être d'accord sur le caractère du
jugement du peuple. Le droit du magistrat consiste-t-il
simplement à proposer aux comices une condamnation
qui n'a force exécutoire que quand elle a été approuvée
par le peuple? C'est l'avis de Rubino : pour lui le rôle
du magistrat est analogue à celui de nos Chambres de
mise en accusation.

C'est selon nous une erreur. La sentence du magistrat
est valable par elle-même. Ce qui le prouve, c'est qu'elle

---

[1] Cicéron, *De domo*, § 17.

a force exécutoire, si le condamné n'use pas du *jus provocationis*. Les comices ne jugent donc pas en premier ressort, comme l'admettent Walter et Willems.

Nous ne pensons pas non plus, malgré l'autorité d'Eisenlohr et de Madwig, qu'ils soient juges d'appel. Il y a plutôt là un exercice du droit de grâce. Ce droit dans les États monarchiques est l'apanage des rois ; à Rome, chaque citoyen participe à la souveraineté et est en quelque sorte roi pour sa part : il est donc naturel que le droit de grâce y soit exercé par l'ensemble des citoyens. Le procès d'Horace vient à l'appui de notre opinion. Si les comices curiates (et le rôle des centuries fut assurément identique) n'avaient été qu'un tribunal ordinaire, elles n'auraient pu se dispenser de prononcer une condamnation. Le récit de Tite-Live montre en effet qu'à leurs yeux le crime était certain et des plus graves. Mais ce récit nous fait comprendre également le droit moral du criminel patriote à sa grâce. Chaque vote des centuries en matière judiciaire est donc un acte de souveraineté : le peuple, s'il absout le citoyen condamné à tort, peut aussi gracier le citoyen condamné à bon droit.

IV. — Tel était le but de cette prérogative des centuries. Nous devons reconnaître qu'on l'oublia souvent et qu'elle engendra bien des abus. Aussi Cicéron ne cesse de s'élever contre les conséquences fatales du *jus provocationis*. Ce droit avait du reste à peu près disparu de son temps.

Souvent il était arrivé que les comices centuriates avaient délégué leurs pouvoirs pour une affaire déterminée à des commissaires spéciaux. C'était ce procédé, enfanté par la coutume et rendu chaque jour plus nécessaire par la multiplication des crimes, qui avait fini par réduire à néant la compétence judiciaire des assemblées romaines.

Peu à peu en effet des lois successives avaient organisé des délégations permanentes, *quæstiones perpetuæ* pour chaque espèce de délit ; et Sylla, ayant généralisé cette mesure, le *judicium populi* ne subsista plus que comme procédure exceptionnelle.

§ 4. — ATTRIBUTIONS ÉLECTORALES DES COMICES CENTURIATES

SOMMAIRE : I. En quoi consistent ces attributions. — II. Présidence des comices électoraux. — III. Des démarches officieuses et officielles faites par les candidats. — IV. De la cessation des fonctions électorales des comices.

I. — Sous la royauté les comices centuriates ne semblent pas avoir exercé d'attributions électorales. Ils n'existaient pas lors de l'avènement de Servius ; et Tarquin le Superbe, son successeur, ayant rétabli l'ancien état des choses, ce furent les curies qui rendirent légale son usurpation. Quant aux magistrats inférieurs ils étaient tous choisis par le *rex*.

Sous la République au contraire, c'est au peuple qu'il appartient de nommer les magistrats. Ces attributions sont d'ailleurs réparties entre les différentes assemblées dont les pouvoirs se distinguent à cet égard d'une manière plus complète que pour les lois et les jugements. La compétence des centuries est restreinte à l'élection des magistrats patricio-plébéiens les plus élevés. Nous entendons par là : les consuls, les préteurs, les censeurs, les *decemviri legibus scribundis*, et les *tribuni militum*.

Au début le rôle du *comitiatus maximus* en cette matière dut être analogue à son rôle législatif. Le président de l'assemblée interrogeait les citoyens : *Vos rogo, Quirites*, en leur désignant les candidats. La réponse se bornait à un oui ou à un non. C'est ce qui semble résulter d'un passage de Denys d'Halicarnasse[1]. Mais Zonaras rapporte qu'en 271 de Rome on concéda au peuple le pouvoir de choisir librement l'un des consuls parmi les patriciens, et l'histoire romaine nous montre peu de temps après ce libre choix du peuple admis pour les deux consuls. La *rogatio* est alors complètement modifiée, on ne demande plus aux centuries, si elles choisissent celui-ci ou celui-là, mais qui elles choisissent.

Les élections comme les lois devaient être sanctionnées par les *Patres*. Une *lex Mœnia* (an de Rome 364) réduisit l'*auctoritas* à une simple formalité en obligeant les *Patres* à la donner avant le vote et par suite *in incertum comitiorum eventum*. On peut dire alors que le mandataire du peuple est mis à son poste par le libre choix des électeurs.

II. — Quant à la présidence, s'il s'agit de l'élection de consuls ou de préteurs, elle ne peut appartenir qu'à un consul ; un préteur ne peut remplir cette fonction. Nous voyons souvent le Sénat, qui seul fixe la date des comices, prendre des décisions pendant les guerres puniques *ut consules redirent, ad comitia habenda.* S'il y a empêchement absolu pour les consuls, on nomme un *interrex* ou un dictateur *comitiorum causa,*

---

[1] *Antiquités Romaines*, livre IV, § 75.

et dès qu'un consul est proclamé, il prend immédiatement la présidence pour l'élection de son collègue.

III. — Le droit d'initiative transporté du magistrat
aux comices eut pour résultat de rendre fréquente à
Rome la corruption électorale. Nombreuses et diverses
étaient les démarches faites par les candidats pour capter la faveur populaire. Cicéron commença sa campagne
certain jour où l'on devait nommer des tribuns, deux
ans avant de poser officiellement sa candidature au con-
sulat. C'est sans doute pour ce motif qu'il appelait ses
concitoyens *officiosissima natio candidatorum*.

Il ne faut pas confondre ces démarches d'un ordre
privé avec la déclaration officielle, *professio*, qui devait
être faite dans un délai déterminé après la convocation
chez le magistrat chargé de présider l'assemblée. Celui-ci
examinait si les candidats remplissaient les conditions
légales. La question lui semblait-elle délicate, il prenait l'avis de citoyens jouissant de l'estime publique.
S'il acceptait la *professio*, le *candidatus* se revêtait de la
toga candida.

La déclaration était en principe nécessaire ; mais,
à l'époque antérieure aux guerres puniques, nous trouvons quelques exemples de personnages élus sans avoir
posé leur candidature [1].

Vers la fin de la République certaines mesures furent
prises pour rendre plus difficile la pression électorale.
Indépendamment des lois *de ambitu*, citons les lois Licinia et Æbutia, qui défendirent de nommer à une fonction
extraordinaire soit le promoteur de la loi qui créait la

---

[1] Tite-Live, *Annales*, livre V, § 12.

fonction, soit l'un de ses parents ou amis. Quant à l'élection du président de l'assemblée, elle avait été de tous temps considérée comme une illégalité flagrante.

Ne pouvaient non plus être candidats ceux qui étaient absents de Rome ou qui y exerçaient une magistrature. Cette mesure fut confirmée par Pompée, mais avec une exception formelle en faveur de César alors gouverneur des Gaules.

IV. — Les attributions électorales du peuple étaient nées avec la République. Elles prirent fin pour ainsi dire avec elle. Les seconds triumvirs y avaient déjà porté une grave atteinte en désignant les consuls ponr huit ans. Tibère les supprima pour toujours en transportant au Sénat, conformément à des instructions écrites laissées par Auguste, l'élection des magistrats ordinaires (an 14 de l'ère chrétienne).

§ 5. — COMITIA CALATA CENTURIATA

SOMMAIRE : I. Le *testamentum in procinctu* est-il un testament comitial? — II. Attributions des *comitia calata centuriata*.

Parfois l'*exercitus urbanus* n'est réunie que pour assister à certains actes, ou pour prêter le serment de fidélité. L'assemblée s'appelle alors *comitia calata centuriata*.

Nous devons reconnaître d'ailleurs qu'à cet égard les attributions des centuries sont peu nombreuses. Quand le concours du peuple est requis pour des actes de cette nature, il est généralement distribué en curies.

I. — Niebuhr soutient que le *testamentum in procinctu* n'est qu'un testament comitial fait devant l'*exercitus centuriatus*. « C'était pour les plébéiens, » dit-il, « aussi bien une résolution approbative de la commune que l'était pour les patriciens la décision des curies, lorqu'elle donnait force de loi à un testament ou à un changement dans les droits de gentilité [1]. » Et il en conclut que dans l'origine les testaments plébéiens pouvaient être faits dans le Champ de Mars ou devant les comices des classes.

Nous ne croyons pas à l'exactitude de cette version.

Le *testamentum in procintu* est fait entre la première et la seconde auspication du général au moment même du combat. *Viros voca : prælium ineant. Deinde, exercitu in aciem educto, iterum auspicabatur; interim ea mora utebantur qui testamenta in procinctu facere volebant* [2]. Il s'agit là d'un acte oral, accompli par le légionnaire en présence de ses compagnons d'armes : la conjecture de Niebuhr doit donc être rejetée ainsi que les conclusions qu'il en tire.

II. — Selon nous on ne réunissait les centuries en *comitia calata* que dans deux cas :

1° Pour la consécration du prêtre de Mars ainsi qu'il résulte du rapprochement des deux textes suivants :

Calata comitia esse quæ pro collegio pontificum habentur aut regis, aut flaminium inaugurandorum causa : eorum autem alia esse curiata, alia centuriata [3].

---

[1] *Histoire romaine*, tome II, page 245.

[2] Sabidius dans ses *Scolies sur l'Énéide*, X, 241.

[3] Labéon cité par Lœlius Felix, *Ad* Q. *Mucium* dans *Aulu-Gelle*, livre XV, chapitre xxvii.

*Quirinus est Mars qui præest paci, et intra civita-
tem colitur; nam belli Mars extra civitatem templum
habuit* [1].

Labéon nous apprend donc que les centuries se réunissent pour l'inauguration d'un ou de plusieurs flamines.
Or, comme d'après Servius, Mars seul a son temple
hors de la ville, il semble naturel d'admettre que son
prêtre était consacré dans le lieu qui tire son nom de la
divinité même.

2° Pour la purification, *lustrum*, et le serment de
fidélité qui termine les opérations du cens. Cette purification était faite et ce serment exigé d'abord par le roi,
plus tard par le consul, plus tard encore par le censeur.
Le rôle du citoyen est ici plus actif que lors de la consécration du flamine. Puisque l'on demande à chacun s'il
est disposé à accorder au magistrat l'obéissance qu'il lui
doit, il faut imaginer comme étant au moins possible
qu'il refuse d'assumer cette obligation. Mais les comices n'en sont pas moins *calata*.

Cette interrogation des citoyens est en effet un droit
mais non un devoir pour le magistrat, qui conserverait
ses fonctions malgré l'absence ou le refus de cette promesse. Il n'y a donc pas là un accord de volonté, mais
une solennité qui renforce une obligation préexistante.

---

[1] *Servius ad Ænnium*, § ô.

SECTION II

FONCTIONNEMENT DE L'ASSEMBLÉE CENTURIATE

Sommaire : I. Présidence. — II. Convocation : a) objet du vote; b) jour du vote. — III. Intervalle entre la convocation et le vote. — IV. Lieu de la réunion. — V. Actes préliminaires au vote. — VI. Vote. — VII. *Relatio* et *Renuntiatio*. — VIII. Causes de dissolution des comices.

Nous venons d'étudier les droits de l'assemblé centuriate, il nous reste à voir les formalités qui précèdent et accompagnent ses votes.

I. — Ces comices étant essentiellement militaires, leur présidence ne peut appartenir qu'à des magistrats investis de l'*imperium* militaire, c'est-à-dire aux consuls, préteurs, dictateurs, décemvirs, interrois. Nous trouvons, il est vrai, des comices judiciaires tenus par des *duumviri perduellionis*, des *quæstores parricidii* et des tribuns ; mais ceux-ci ne peuvent *agere cum populo* qu'en vertu de l'autorisation spéciale d'un magistrat *cum imperio*. Il n'y a pas là un droit, mais une délégation de pouvoirs. Régulièrement même les préteurs ne doivent présider que les comices législatifs ou judiciaires, les interrois que les comices électoraux. Cicéron qui pose cette règle reconnaît qu'elle fut souvent violée dans le dernier siècle de la République. Quant aux *comitia calata* les censeurs sont seuls compétents pour la cérémonie de la purification, *lustrum*.

II. — L'opération commence par un édit du magistrat convoquant le peuple ; comme tous les édits, il est publié verbalement et affiché dans un lieu public.

Il comprend deux parties : l'objet du vote, et le jour auquel il est fixé.

a) — S'agissait-il d'une élection, il suffisait à l'époque primitive de nommer les magistratures à attribuer, mais quand on eut décidé que les *professiones* ne pourraient avoir lieu après la publication de l'édit, on dut indiquer aussi la liste des candidats.

Pour les comices judiciaires, sont nécessaires la désignation de l'accusé, du chef d'accusation et de la peine visée.

En matière législative, le texte de la loi doit être reproduit en entier.

Tandis que les *rogationes* définitivement adoptées sont gravées sur des tables de cuivre, en règle générale l'affichage des édits a lieu sur des tables de bois. Cicéron cite cependant quelques exceptions à cette règle.

b) — La seconde partie de l'édit est la plus importante : elle indique le jour du vote, c'est ce que l'on appelle : *Comitia diem edicere, comitia in diem edicere* ou encore *comitia indicere* [1].

Aulu-Gelle nous apprend que cette fixation du jour du vote était accompagnée de la vieille formule : *Ne quis magistratus minor de cœlo servasse velit* [2].

Le magistrat n'est pas libre de choisir tel ou tel jour. Les décisions prises seraient en effet annulées par le collège des augures, juge sans appel en semblable ma-

---

[1] Tite-Live, *Annales*, livre XXVI, § 18 ; livre XXII, § 33 ; livre IV, § 6.
[2] *Nuits attiques*, livre XIII, chapitre xv.

tière, si la réunion avait lieu soit un *dies nefastus*, c'est-
à-dire un jour consacré aux actes religieux, soit un *dies
fastus* proprement dit, c'est-à-dire un jour réservé à l'administration de la justice.

Une vieille tradition religieuse s'oppose en effet à ce
que le même jour le peuple vote et le magistrat rende la
justice. De même qu'il ne peut y avoir de *comitium* un
dies fastus, de même le magistrat, qui se livre à des opé-
tions judiciaires un *dies comitialis*, s'expose à la coërcition du président de l'assemblée, s'il lui est supérieur,
et s'il a convoqué le peuple pour cette date. Les
dies comitiales, qui comprennent 184 jours indiqués
dans le calendrier romain par la lettre C, sont en effet
réservés aux assemblées populaires. Tous les auteurs
sont d'accord sur ce point.

Comitiales, dit Varron [1], *dicti quod tum ut esset
populus constitutus est ad suffragium ferendum.* Macrobe les considère également comme synonymes de
quibus cum populo agi licet [2]. Et Ovide exprime la même
idée d'une manière plus poétique :

Est quoque dies quo populum jus est includere sæptis. [3]

Plus délicate est la question de savoir s'il faut exclure
des *dies comitiales* les *nundinæ*.

Les *nundinæ* sont les jours par lesquels commence la
semaine de huit jours : comme notre dimanche ils varient
donc chaque année et ne peuvent figurer dans le calendrier permanent, le seul en usage à Rome. Ils sont consacrés aux trafics du marché, et les paysans en profitent

---

[1] *De lingua latina*, livre VI, § 29.
[2] *Saturnales*, livre I, chapitre XVI.
[3] *Fastes*, livre I, vers 53.

pour se rendre en ville : *Majores annum ita diviserunt ut nonis diebus urbanas res usurparent, reliquis septem ut rura colerent* [1].

Rutilius déclare qu'ils ont été institués *ut scita atque consulta frequentiore populo referrentur.* C'est aussi l'avis de Denys d'Halicarnasse. Mais ces considérations vagues s'évanouissent devant des témoignages formels. Rutilius et Denys ont dû confondre le jour de la réunion et le jour de la convocation. Macrobe déclare en effet que Jules César défend dans le livre XVI des *Auspices* de tenir une *contio* un jour de marché, puis il ajoute : *ideoque nundinis romanorum haberi comitia non posse* [2], et une loi Hortensia, peut-être celle qui donna force de loi aux plébiscites, semble réserver les jours de marché à l'administration de la justice.

Ajoutons en terminant que l'*exercitus urbanus* ne peut se réunir un jour de fête mobile et que les comices peuvent aussi être empêchés par un *privilegium*, ou défense faite par le Sénat de convoquer le peuple un jour qui serait *comitialis* sans cette interdiction.

L'heure du vote n'est pas indiquée dans l'édit ; le magistrat a toute latitude entre le lever et le coucher du soleil, le peuple n'est prévenu que par la trompette et les appels des appariteurs.

III. — Un certain intervalle doit séparer la convocation du vote ; cette prescription est fort ancienne, mais elle a été accentuée par la loi Cæcilia et Didia (an de Rome 656).

---

[1] Varron, *De Re rustica,* livre I, chapitre II.
[2] *Saturnales,* livre I, chapitre XVI.

Certains ont prétendu que ce délai pour les centuries était de trente jours. Ils s'appuient sur un texte de Macrobe. Lorsque Rome était entourée de toutes parts de cités ennemies, elle redoutait toujours d'être envahie pendant que son armée votait au Champ de Mars. Pour éviter une surprise, un drapeau rouge, *vexillum russeum*, était hissé sur la citadelle d'après Tite-Live[1], sur le Janicule suivant Dion Cassius[2]. Ce drapeau venait-il à être retiré, le vote cessait immédiatement, et le peuple rentrait en toute hâte dans la ville. Chose bizarre ! Rome, maîtresse absolue de l'Italie, resta fidèle à ce vieil usage. Aussi, comme Macrobe déclare que : *Justi dies sunt continui triginta dies, quibus exercitui imperato vexillum russi coloris in arce positum est*[3], quelques critiques ont soutenu qu'il faisait allusion au délai séparant la convocation des comices. C'est une erreur ; il s'agit de l'intervalle qui devait exister entre la déclaration de guerre faite par le *fetialis* et l'entrée en campagne.

Les centuries sont donc soumises à la même règle que les curies. La *rogatio* doit être publiée pendant un *trinum nundinum*. Mais qu'est-ce qu'un *trinum nundinum ?* Répondons sans hésiter : c'est tout le temps compris entre trois jours de marché, soit dix-sept jours. Mommsen compte cependant vingt-quatre jours entre la convocation et le vote. Il prétend qu'indépendamment du mot *nundinæ*, premier jour de la semaine, il doit y avoir eu une dénomination pour cette semaine et que cette dénomination était indubitablement *nundinum : trinum nundinum* est donc synonyme de trois semaines.

[1] *Annales*, livre XXXIX, § 15.
[2] *Histoire romaine*, livre XXXVIII, § 28.
[3] *Saturnales*, livre 1, chapitre XVI.

8

Son grand argument est celui-ci. D'après Ascanius et Dion Cassius [1], la loi Manilia présentée au plus tôt le 10 décembre 687, et votée le dernier jour de décembre, par conséquent le 29, fut cassée à cause de la *celeritas actionis*. Vingt jours, dit Mommsen, n'étaient donc pas suffisants.

Si ce fait était certain, il ne constituerait pas une preuve ; car on pourrait lui opposer un grand nombre de faits contraires. Mais il n'est même pas certain. Dion Cassius affirme bien que la loi ne fut pas votée avant le 10 décembre, mais il n'affirme pas qu'elle ne fut pas votée après. Or là est toute la question.

C'est donc avec raison qu'anciens et modernes sont d'accord pour traduire *trinum nundinum* par ἢ τρίτη ἀγόρα. C'est l'avis de Quintilien, de Tite-Live, de Priscien, de Willems, de Niebuhr et de Madwig. *Trinus* en effet ne se joint à l'époque classique qu'à des *pluralia*, et ne peut par suite convenir pour le singulier *nundinum*.

Le magistrat d'ailleurs souvent était invité par un sénatus-consulte à tenir immédiatement les comices ; et la loi a été aussi transgressée par des magistrats qui n'avaient pas reçu de semblables pouvoirs. Naturellement le délai est un délai minimum : une convocation anticipée n'est pas intertide.

IV. — Les comices centuriates ne peuvent se réunir dans l'intérieur du *Pomerium* comme l'affirme Lælius Félix [2] : *Centuriata comitia intra Pomerium fieri nefas*

---

[1] *Histoire romaine*, livre XXXVI, § 42.

[2] Voir Aulu-Gelle, *Nuits attiques*, livre XV, chapitre xxvii.

esse, quia exercitum extra urbem imperari oporteat,
intra urbem imperari jus non sit.

Dans les premiers temps, la distinction entre l'*impe-*
rium domi et l'*imperium m litiæ* ne permettait pas non
plus de les tenir au-delà de la première borne milliaire.
Cette prohibition souvent violée disparut définitivement
l'an 705 de Rome.

L'*exercitus urbanus* est en général convoquée au
Champ de Mars ; c'est cependant *in Petelino luco extra*
portam Flumentanam que les centuries condamnèrent
à mort Manlius. La loi Hortensia *de Plebiscitis* fut votée
in Æsculeto. Une résolution fut même prise l'an 397 de
Rome, sur la rogation d'un consul, au camp de Sutrium ;
mais c'était là une mesure illégale. César songea à trans-
porter les comices centuriates au Vatican ; il n'eut pas
le temps de mettre son projet à exécution.

V. — Le premier acte que doit accomplir le magistrat
est d'inaugurer le Champ de Mars en prenant les auspices. Désormais il ne pourra plus abandonner avant la
fin du vote ce lieu dont il vient de faire un *templum* puisqu'il y a examiné les signes fournis par les oiseaux. S'il
retournait à Rome, toutes les cérémonies religieuses devraient être recommencées. Ce *templum* est en même
temps un *tribunal :* car le siège du président est placé
sur une estrade qui lui permet de dominer la foule. A
côté de lui se tiennent ses hérauts d'armes, ses licteurs
destinés à maintenir l'ordre, et ses *accensi* qui semblent
avoir un rôle analogue à celui de nos appariteurs.

Avant de consulter les auspices, le magistrat ordonne au *præco* de convoquer les centuries. Celui-ci
commence ses appels dans le *templum*, les répète autour

des murs de la ville et au forum du haut de la tribune aux harangues, *rostra*. En même temps l'on fait flotter le drapeau rouge sur la citadelle et sur le Janicule.

Si les auspices sont défavorables, la réunion est renvoyée à un autre jour ; s'ils sont favorables, le magistrat s'adresse en ces termes soit à un augure, soit à l'un de ses *accensi: Voca ad conventionem omnes Quirites huc ad me*. L'*accensus* ou l'augure obéit immédiatement. *Omnes Quirites*, dit-il, *ite ad conventionem*. Le magistrat l'invite alors à faire donner le signal militaire du haut de la citadelle : *Cornicinem in arcem mittas ubi canat*. Ces *cornicines* ne sont point les membres des centuries qui portent ce nom, mais des entrepreneurs remplissant cette mission par suite d'un traité à forfait passé avec les censeurs. L'un de ces contrats nous a été transmis par Varron. Il nous apprend que le son de la trompette, *classicum*, retentissait à la citadelle, autour des murs de la ville et en outre pour les comices judiciaires à la porte de l'accusé, *ad privati januam*.

Pour garantir Rome contre une surprise, une partie du peuple se rend en armes sur le Janicule, tandis que l'autre se dirige sans armes vers le Champ de Mars. Sur l'invitation du président, ses collègues, tous les magistrats patriciens et plébéiens, les personnages illustres, les candidats lors des comices électoraux, parfois tous les sénateurs, prennent place sur l'estrade où des sièges leur ont été réservés. C'est en leur présence qu'avec l'aide des pontifes, des augures, des sacrificateurs, se continuent les cérémonies religieuses, *carmen solenne precari*.

Dès qu'elles sont terminées, le magistrat chargé de la *rogatio* s'adresse au peuple et lui ordonne de se ranger par, classes et centuries. *Jubet is qui fert legem populum discedere, quod verbum significat... ut in suam quisque centuriam discedat, in qua est suffragium laturus* [1].

Les électeurs se rendent alors dans un enclos disposé pour le vote, dans la ceinture, *licium*, comme l'on disait dans les premières années de la République, ou plutôt, pour nous servir d'une expression plus récente, dans les palissades, *sæpta*, le parc à bétail, *ovile*.

Quelques textes et une vieille pièce de monnaie permettent de se rendre un compte assez exact de la disposition de cet emplacement. Ce devait être un rectangle plus long que large, divisé dans le sens de la longueur, par des barrières, *consæpta*, en quatre-vingts ou quatre-vingt-deux compartiments, suivant que les *fabri* votaient avec la deuxième ou la première classe, de manière à pouvoir contenir toutes les sections qui étaient appelées en même temps.

Deux grandes estrades situées de chaque côté de l'enclos dans le sens de la longueur achevaient de séparer les sections. Sur la première étaient placées depuis le VIIe siècle les tablettes de vote. C'est du moins ce que semble indiquer la pièce qui représente une personne au niveau du sol recevant un objet d'une autre placée plus haut. La seconde estrade était située devant le tribunal et à la même hauteur que lui. Quatre-vingts ou quatre-vingt-deux escaliers, *pontes*, avec un poteau indicateur de la centurie à leur sommet, mettaient en communication le *templum* et les divers compartiments.

Quant à la question de savoir comment les *centuriales*

---

[1] *Ascanius in Cornelio*, page 70.

pénétraient dans l'enclos, elle ne peut être résolue avec les documents que nous possédons. Nous savons seulement que, dès qu'ils y sont entrés, le magistrat les invite à donner leur avis : *Impero qua convenit ad comitia centuriata.* Sont appelés en premier lieu les chevaliers, mais les *sex suffragia* donnent sans doute leur avis avant les *duodecim centuriæ.* Votent ensuite tous les *pedites*, chaque classe avec les centuries d'hommes non armés qui y sont adjointes formant un appel spécial.

La question étant orale, les principes du droit strict en matière de contrat exigeaient que la réponse le fût également. Il faut donc rejeter l'opinion de ceux qui soutiennent qu'à l'époque très ancienne l'on se servait de petits cailloux. Ce système n'est d'ailleurs basé que sur l'étymologie très-douteuse du mot *suffragium* et sur quelques passages de Denys d'Halicarnasse qui s'est laissé entraîner par le sens grec du mot ψῆφος. La réponse était-elle affirmative, elle était formulée ainsi : *Uti rogas.* Était-elle négative, elle était exprimée en un seul mot : *Antiquo.* Pour les comices judiciaires on disait *libero* ou *damno.* Quand le peuple eut l'initiative en matière électorale, les citoyens durent désigner les candidats par leurs noms. Chacun gravissait à son tour les degrés de l'escalier ; au sommet était un *rogator* qui posait la question. Aussitôt la réponse faite, on sortait de l'enclos et grâce à cette disposition les votes multiples étaient impossibles.

Nous n'avons que peu de détails sur les *rogatores :* étaient-ils choisis par le magistrat, étaient-ce les centurions ? Nous l'ignorons. Peu de détails aussi sur la vérification des titres des votants et la constitution des votes. Il semble assez rationnel d'admettre que chaque voix était enregistrée sur un tableau par un point, *punctum*, mis en regard du mot *oui* ou du mot *non*.

Au viie siècle apparaissent le vote secret et les tablettes, *tabellæ*. Ils sont introduits, en 615, par la loi Gabinia sur les élections des magistrats ; en 617, par la loi Cassia pour les jugements ordinaires du peuple ; en 623, en matière législative, par la loi Papiria ; et enfin en 647, par la loi Cœlia Calda pour les procès de perduellion. Des appariteurs, *accensi*, placés sur l'estrade du fond, laissent choisir chaque électeur entre deux tablettes : sur l'une est inscrit *uti rogo* ou *damno*, sur l'autre *antiquo* ou *libero*. En matière électorale, elles sont préparées de manière à ce que chacun puisse y inscrire son candidat. C'est dans des urnes, *cistæ*, surveillées par des gardiens et placées au sommet des escaliers que les citoyens les déposent. Ces surveillants, pris sur la liste générale des jurés, composée de trois cents sénateurs, trois cents chevaliers et trois cents *tribuni ærarii*, ne peuvent surveiller le vote de la centurie à laquelle ils appartiennent, et déposent leur bulletin dans l'urne qu'ils gardent. Le président en désigne trois pour chaque escalier, et les candidats peuvent leur adjoindre un de leurs partisans. Le vieil usage qui consistait à inscrire le nom du premier votant, *primus scivit*, de chaque centurie est maintenu.

Ce vote écrit entraîne une opération nouvelle, le dépouillement du scrutin, *dishabere* ou *diribere*. Cette opération a lieu simultanément pour toutes les centuries du même appel. Primitivement elle était faite à ciel découvert et autour du *templum*. Mais César, en remplaçant les constructions rustiques qui remontaient à l'époque primitive par des *sæpta marmorea*, fit élever pour cet usage une salle spéciale le *diribitorium*.

On y transporte les urnes : les surveillants les ouvrent et inscrivent les résultats à l'aide de points, *punctum*, comme le prouvent un grand nombre de textes[1]. Un réservoir spécial, *loculus*, reçoit les tablettes non contestées ; les autres sont portées au président qui ne peut pas abandonner le *templum :* sa décision est souveraine.

VII. — Au fur et à mesure que les *rogatores* ou les surveillants ont achevé leur travail, ils communiquent, *referre*, les résultats au président. Cette communication se borne à faire connaître l'opinion qui est celle de la majorité des votants. Cette majorité n'est autre que la majorité relative : à Rome il n'est point en effet de règle semblable à celle qu'a adoptée notre constitution actuelle en exigeant au premier tour la moitié plus un des votants et le quart des électeurs inscrits : on n'a jamais songé à fixer un chiffre minimum nécessaire, et l'on ne s'est jamais occupé des absents.

Quant à l'égalité des voix, elle équivaut à acquittement en matière judiciaire, et au rejet de la proposition en matière législative. Le sort et plus tard les privilèges du mariage et de la paternité décidèrent pour les comices électoraux.

Le président était investi d'un pouvoir analogue à celui de nos commissions de recensement. La résolution prise par une centurie lui semblait-elle contraire aux lois, il était libre de la rejeter ; et aux élections des consuls en 544, lorsque Annibal était aux portes de Rome,

---

[1] Ascanius ; Horace. *Satires*, livre II, 2e sat. ; Cicéron, *pro Murena*, § 34.

l'on vit même un magistrat faire recommencer le vote d'une centurie[1].

Mais si l'opinion émise par la majorité d'une section était légale, sur l'ordre du président elle était proclamée, *renuntiare*, par le héraut. La proclamation consiste dans la lecture des procès-verbaux, *recitatio*, qui sont ainsi rédigés : *Olla centuria... legem jubet*, ou *liberat*, ou *consulem dicit illum*. Le compte des voix est fait au cours de cette lecture.

Les *renuntiationes* ont lieu pour chaque appel dans l'ordre déterminé par le sort. Cet ordre est très important; car, dès que la majorité est atteinte, le *præco* s'arrête, et ne fait pas connaître les autres résultats.

La seconde classe n'est appelée à voter que si les chevaliers et la première n'ont pas tranché la question, c'est-à-dire si quatre-vingt-dix-sept centuries n'ont pas voté dans le même sens ; il en est de même pour la troisième et ainsi de suite... *Equites enim vocabantur primi*, dit Tite-Live... *octoginta inde primæ classis centuriæ ; ibi si variaret, quod raro incidebat ut secundæ classis vocarentur ; nec fere unquam infra ita descenderunt ut ad infimos pervenirent*[2]. Les pauvres ne se rendaient donc au Champ de Mars que pour entendre la décision qui était toujours prise avant qu'on leur eût demandé leur avis.

VIII. — Des obstacles nombreux et divers pouvaient empêcher les comices de prendre une résolution.

---

[1] Tite-Live, livre XXVI, § 22.
[2] *Annales*, livre I, § 43.

Les Romains étaient très superstitieux, et il suffisait d'un cas d'épilepsie, *morbus comitialis*, ou d'un coup de tonnerre, *Jove tonante*, pour dissoudre l'assemblée.

Souvent aussi, avant le commencement du vote, un augure donnait au président par ces simples mots, *alio die*, l'ordre de remettre la réunion par suite d'auspices défavorables.

Un magistrat était-il hostile au projet, il lui suffisait de déclarer : *se servasse* ou *servaturum de cœlo* pour empêcher le vote. Quand bien même en effet il ne découvrirait, disaient les augures, aucun présage funeste, il pourrait se faire que son ignorance en fût la cause, et ce serait un odieux sacrilège que de réunir l'*exercibus urbanus* malgré l'avis des dieux. Il y avait là un grave abus. Les présidents le comprirent vite ; et dans l'édit de convocation ils prirent l'habitude d'introduire la formule que nous avons déjà citée : *Ne quis magistratus minor de cœlo servasse velit ;* c'était une défense faite par le magistrat supérieur au magistrat inférieur d'user de ce *jus obnuntiationis*.

Enfin le coucher du soleil ou l'intercession d'une puissance égale ou supérieure à celle du président, *par majorve potestas*, étaient aussi des causes de dissolution.

Tous ces obstacles n'ont pas d'autres inconvénients en matière législative et électorale que de faire remettre les comices, *differre comitia*, à un autre jour qui doit être lui aussi *comitialis*, mais pour lequel le délai de *trinum nundinum* n'a pas besoin d'être observé ; toutes les opérations préliminaires du vote doivent y être reprises. En matière judiciaire, le renvoi de l'affaire est au contraire interdit et l'accusation doit être abandonnée.

Telles sont les formalités qui précèdent, suivent ou accompagnent le vote des centuries. Elles sont toutes empreintes d'un caractère religieux, superstitieux même ; c'est ce qui faït dire à Cicéron en parlant de ses concitoyens : *Religiosïssima natio Romanorum.*

CHAPITRE IV

RÉFORME DE LA CONSTITUTION DES CENTURIES

Nous venons de terminer l'étude des centuries Serviennes : nous y avons indiqué toutes les réformes de détail qui modifièrent le système primitif; mais nous avons omis avec intention celle que Mommsen appelle : « la réforme de principe des relations des centuries et des tribus ». C'est celle qui va faire l'objet de ce chapitre.

SECTION PREMIÈRE

IDÉE GÉNÉRALE DE LA RÉFORME

Cette réforme ne fut pas sans doute opérée par une loi, mais par une mesure des censeurs. Sa date se place entre 513 et 536 de Rome : nous essayerons tout à l'heure de la déterminer d'une manière plus exacte.

§ 1. — CENTURIES DE FANTASSINS

Sommaire : I. Ce qui subsista de l'organisation Servienne. — II. Textes qui traitent la question. — III. Transformation des centuries de la première classe. — IV. Transformation des centuries des deuxième, troisième, quatrième et cinquième classes : a) rejet du système Duruy; b) rejet du système Labbé et Willems ; c) rejet d'un troisième système ; d) notre système.

En 513, la phalange avait déjà été transformée, et l'identité entre l'*exercitus urbanus* et l'*exercitus armatus* avait en partie disparu. Servius, en créant les centuries, s'était laissé guider par des considérations militaires. Ce furent à des considérations politiques qu'obéirent les réformateurs.

Ils ne voulurent point d'ailleurs opérer une révolution complète, et ils maintinrent comme bases du système l'*ordo*, l'*ætas*, le *census*.

L'*ordo* : car la centurie resta l'unité de vote. C'est ce que prouvent de nombreux textes qui font allusion à des faits postérieurs à la réforme. Cicéron [1], Asconius [2], Tite-Live [3] et beaucoup d'autres sont d'accord sur ce point.

L'*ætas* : car la distinction entre le premier et le deuxième ban et le nombre égal de centuries de chacun d'eux est attesté par Cicéron : *Præco te toties seniorum juniorumque centuriis illo honore affici pronuntiavit* [4].

Le *census* : d'une part en effet les cinq classes subsistent et le *jus suffragii* est toujours proportionné à la fortune. Cicéron nous parle de la *quinta classis*. Caïus Gracchus, est-il dit dans le pseudo-Salluste [5], proposa une loi ayant pour but *ut ex confusis quinque classibus sorte centuriæ vocarentur*. Arnobe cite les classes comme une antiquité.

D'autre part le cens de chacune n'est pas modifié. Nous en avons la preuve pour les quatre premières. Quant à la cinquième, nous ignorons la date où son chiffre minimum fut réduit de douze mille cinq cents à quatre mille as.

---

[1] *Pro Flacco*, § 7; *Pro Sulla*, § 32.
[2] *In oratione in toga candida*, page 93.
[3] *Annales*, livre XXVI, § 18; livre XXVII, § 21; livre XXIX, § 22; livre XXXI, § 6; livre XXXVII, § 47; livre XLIII, § 16.
[4] Cicéron, 5ᵐᵉ *Verrine*, § 15.
[5] *De republica ordinanda*, II, 8.

Ce sont donc bien les relations des centuries et des tribus qui ont été transformées. Il existait déjà dans le système Servien une certaine corrélation entre ces deux éléments ; mais c'était une corrélation imparfaite, que l'arbitraire du censeur pouvait faire disparaître. Avec la réforme, les centuries au contraire ou tout au moins celles de la première classe vont devenir une fraction des tribus.

II. — Les critiques n'ont encore découvert que deux textes permettant de se rendre compte de la transformation des centuries de Servius.

Le premier est de Tite-Live : *Nec mirari oportet hunc ordinem qui nunc est post expletas quinque et triginta tribus duplicato eorum numero centuriis juniorum seniorumque se ad institutam ab Servio Tullio summam non convenire*[1].

Le second est de Cicéron. Les manuscrits varient quelque peu ; mais voici selon nous la meilleure version : *Reliquum populum distribuit in quinque classes, senioresque a junioribus divisit... quæ discriptio, si esset ignota vobis, explicaretur a me. Nunc rationem videtis esse talem, ut equitum centuriæ cum sex suffragiis et prima classis, additâ centuriâ quæ... fabris tignariis est data, LXXXVIIII centurias habeat : quibus ex centum quatuor centuriis — tot enim reliquæ sunt — octo solæ si accesserunt, confecta est vis populi universa*[2].

III. — Ces deux textes ne nous permettent d'affirmer qu'une seule chose : la réduction des quatre-vingt cen-

[1] *Annales*, livre I, § 43.
[2] *De Republica*, livre II, § 22.

turies de la première classe à soixante-dix. Cicéron nous
dit en effet que si aux centuries de la première classe,
on ajoute les dix-huit centuries de chevaliers, et une
centurie de *fabri tignarii* on arrive au chiffre de quatre
vingt-neuf centuries. Or si on retranche 18 + 1 de 89,
il reste bien 70. C'est ce qui fait dire à Tite-Live que les
chiffres du système réformé ne concordent pas avec ceux
de Servius, *ad institutam ab Servio Tullio summam
non convenire.*

Comme les *seniores* doivent avoir autant de voix que
les *juniores*, nous trouvons pour chacun des deux
bans trente-cinq centuries, nombre égal à celui des tribus
lors de la réforme. Ce qui vient corroborer ce témoignage, c'est que ces centuries portent toutes le nom de
l'une des tribus avec l'addition de la désignation du ban.
Tite-Live nous parle soit de l'*Aniensi juniorum*, soit de
la *Veturia juniorum* ou encore de la *Galeria juniorum*.
La centurie de la première classe est donc une fraction
d'une tribu unique : *unius tribus pars* [1], dit Cicéron.

IV. — Nombreuses sont les conjectures relativement
aux autres classes.

a) — Un premier système, admis par M. Duruy et
cité par M. Accarias, prétend que l'on ne tînt plus aucun
compte de la fortune, et que chaque tribu se subdivisa
seulement en deux centuries. Soixante-dix centuries de
fantassins, dix-huit de chevaliers, cinq d'hommes non
armés, voilà tout ce qui aurait subsisté du système de
Servius.

En présence des monuments nombreux, qui attestent

---

[1] *Pro Plancio*, § 20.

la persistance des classes et le rôle considérable joué par la fortune dans les comices centuriates, en présence des textes qui établissent une différence profonde entre ces assemblées et celles par tribus, il nous semble inutile de discuter cette opinion bizarre.

b) — MM. Labbé et Willems reproduisent et admettent une vieille conjecture imaginée par Pantagathus, savant du XVIᵉ siècle. On fit, disent-ils, pour toutes les classes la même opération que pour la première. Le nombre des centuries de fantassins s'éleva par suite à $70 \times 5 = 350$. La réforme ne porta ni sur les chevaliers, ni sur les centuries spéciales. Le chiffre total fut donc trois cent soixante-treize.

Les conséquences de ce système sont les suivantes : La majorité n'est plus de quatre-vingt-sept voix comme sous Servius, mais de cent quatre-vingt-sept. Or les chevaliers, la première, la seconde classe et les *fabri* réunis n'ont que $18 + 70 + 70 + 2 = 160$ voix. Quand bien même ils seraient tous d'accord, leur avis ne serait pas sûr de prévaloir : il leur manquerait en un mot vingt-sept voix.

Nous n'admettrons point cette version. Elle est doublement contraire au texte de Cicéron. Celui-ci en effet donne toujours le même chiffre total, soit cent quatre-vingt-treize centuries. Et, d'un autre côté, il déclare qu'il ne s'en faut que de huit voix pour que les chevaliers et la première classe n'aient pas la majorité, lorsqu'ils sont d'accord. Si à leur avis se rangent les *centuriales* de la seconde classe, la question sera évidemment tranchée, et l'on ne peut admettre cette minorité de vingt-sept voix dont parle M. Labbé.

D'ailleurs la réforme a eu lieu à une époque où augmentait chaque jour l'absorption de la propriété rurale par quelques individus. Le nombre des petits propriétaires fonciers ne peut donc avoir été assez supérieur à celui des grands propriétaires pour qu'on leur ait accordé un nombre de voix quadruple de celui de ces derniers. La tendance vers la démocratie était loin d'être si saillante. Les réformes populaires des Gracques allaient bientôt les conduire à la mort. Les affranchis étaient rejetés dans les tribus urbaines. Et des censeurs auraient pu songer à rendre plus prépondérante la voix du pauvre que la voix du riche!

Mais cette réforme aurait été une véritable révolution. Comment expliquer alors que Polybe garde le silence, que Denys d'Halicarnasse ne nous entretienne que de la suppression de la prérogative des chevaliers. Bien plus! Cicéron considère les différences comme si peu importantes que, quand il détermine la tendance de cette constitution patricio-plébéienne, il identifie absolument l'ancien et le nouveau système.

c) — Une autre opinion, plus conforme au texte de la République déjà cité, admet la majorité de quatre-vingt-dix-sept voix et le nombre total de cent quatre-vingt-treize centuries. Elle les répartit ainsi : dix-huit de chevaliers, soixante-dix de la première classe, soixante-dix de la deuxième, trente-cinq de la troisième. Suppression complète des deux dernières classes, des centuries spéciales, et même de cette centurie de *fabri* dont nous parle Cicéron.

C'est encore là une hypothèse inadmissible. Comment concevoir que la distinction entre les *seniores* et les *juniores* n'existe pas pour la troisième classe? Pourquoi porter de vingt à soixante-dix le nombre des voix de la seconde classe, et supprimer complètement les deux derniers appels, malgré les nombreux textes qui nous parlent des cinq classes ?

d) — Nous n'admettrons pas non plus avec Mommsen une différence entre le nombre des centuries et le nombre de leurs voix, et nous proposerons la conjecture suivante, qui a du moins l'avantage de n'être en contradiction avec aucun des témoignages qui nous sont parvenus.

Ex centum quatuor centuriis — tot enim reliquæ sunt — dit Cicéron. Sur ces cent quatre centuries, quatre sont des centuries auxiliaires ; il en reste donc cent pour les quatre dernières classes.

Or nous savons que la division par classes, la distinction entre les *seniores* et les *juniores* ont été maintenues. D'un autre côté, ce que nous connaissons de la réforme relativement à la première classe permet de supposer que le but de ses auteurs était de transformer complètement la relation qui existait entre les tribus et les centuries : tandis qu'auparavant on répartissait aussi également que possible les tribules de chaque tribu entre toutes les centuries, la règle réformée doit être que tous les *seniores* ou les *juniores* de la même tribu et de la même classe votent ensemble. Les membres des quatre dernières classes de chaque tribu forment donc quatre groupes de *seniores* et quatre groupes de *juniores*, ce qui donne $35 \times 8 = 280$ groupes pour toutes les tribus.

Ces groupes ne constituent pas des centuries, mais des fractions de centuries : en d'autres termes, il faut en réunir plusieurs pour former une centurie. Mais comment s'opère cette réunion ? Nous l'ignorons absolument, et faire des conjectures à cet égard serait se lancer dans

le domaine des hypothèses. Disons seulement avec
Cicéron que les deux cent quatre-vingts groupes ne formaient que cent centuries.

La conséquence est la suivante : tandis qu'on peut
employer une désignation simple pour la *renuntiatio*
du vote d'une centurie de la première classe et dire par
exemple *Veturia seniorum*, il faut avoir recours pour les
autres à une formule bien plus compliquée, contenant
non seulement l'indication de la classe et du ban, mais
encore le nom de plusieurs tribus : *Veturia et Galeria
seniorum classis tertiæ*, par exemple.

L'organisation de ces groupes tribuaires de centuries
rendit impossible la fondation de nouvelles tribus : et les
Romains ne purent mettre à exécution l'idée d'en créer
dix nouvelles, idée qui semble avoir été mise en avant
après la guerre sociale.

§ 2. — CENTURIES DE CHEVALIERS

SOMMAIRE : I. Introduction des plébéiens dans les *sex suffragia*. —
II. Modifications dans l'ordre du vote.

I. — Les chevaliers n'échappèrent pas probablement
à cette réforme. L'absence des six centuries appelées
sex suffragia parmi les institutions, qui, selon Cicéron [1]
et Tite-Live [2], seraient supprimées par la disparition du
patriciat alors qu'elles avaient plus d'importance que
toutes les institutions nommées par eux, prouve irréfu-

[1] *De domo*, § 14.
[2] *Annales*, livre VI, § 41.

tablement qu'elles n'étaient plus à l'époque moderne exclusivement patriciennes.

Or Salluste nous apprend la suppression d'un privilège patricien vers 536 de Rome. Et comme l'histoire nous révèle la date de la disparition de tous les autres, il semble naturel d'admettre que Salluste songe à l'admission des plébéiens dans les *sex suffragia*. D'autre part, nous établirons plus loin que la réforme du système Servien eut lieu sans doute en 534 : la transformation des centuries de chevaliers dut par suite faire partie de cette réforme.

II. — Il en est de même de la modification qui s'introduisit dans l'ordre du vote. Tite-Live [1] nous apprend en effet qu'en 539 de Rome avant les centuries de chevaliers vote une centurie de la première classe tirée au sort et appelée *prærogativa*. Le résultat de son vote est immédiatement proclamé par le héraut sur l'ordre du président, et sa décision exerce une influence considérable sur les autres citoyens, surtout en matière électorale, où l'on redoute toujours les dispersions de voix et l'absence de résultat.

En outre les chevaliers ne forment plus un premier appel. Les *duodecim centuriæ* votent en même temps que la première classe, tandis que les *sex suffragia* paraissent n'avoir donné leur avis qu'entre la première et la deuxième. C'est sans doute pour cela que Festus considère les douze centuries innommées comme les plus anciennes. En présence de cet état de choses, il semble naturel d'admettre, comme nous l'avons déjà fait, que le

[1] *Annales*, livre XXIV, § 7.

droit de vote séparé pour les patriciens était un vieux privilège qui s'est transformé comme beaucoup d'autres en une infériorité. Les réformateurs n'ont pas dû créer la distinction, mais la modifier.

***

SECTION II

BUT ET DATE DE LA RÉFORME

SOMMAIRE : I. But. — II. Date.

I. — Le but poursuivi est donc exclusivement politique. Le terme militaire de centurions disparaît, et fait place à celui de *curatores*. Déjà les censeurs avaient souvent violé la règle qui ordonnait la répartition des membres d'une même tribu entre toutes les centuries, et avaient classé tous les non-propriétaires dans quelques-unes d'entre elles : mais il n'y avait là qu'une mesure temporaire et illégale.

Depuis la réforme, les tribules urbains n'entrent plus que dans la composition des centuries urbaines : les tribus rustiques leur sont fermées ; et il est assuré à ces dernières dans les comices par centuries une majorité analogue à celle qu'avaient les trente et une tribus rustiques sur les quatre tribus urbaines dans les comices par tribus.

Si cette réforme est dirigée contre les non-propriétaires, elle est en même temps démocratique. Qu'est-ce en effet que la suppression de l'arbitraire du censeur pour la composition des centuries, que les modifications introduites dans l'ordre du vote, que l'admission des plébéiens dans les *sex suffragia*, que la diminution du nombre des centuries de la première classe, que la nécessité d'appeler la seconde pour obtenir une majorité même relative, sinon des mesures exclusivement démocratiques.

II. — Il ne nous reste plus qu'à rechercher la date de la réforme. Elle ne nous est fournie par aucun texte, mais deux passages de Tite-Live permettent peut-être de l'établir. Cet annaliste a pour habitude de mentionner par ordre de date toutes les institutions et toutes les réformes : il ne peut donc pas avoir omis la transformation du système Servien. Et cependant la partie de son ouvrage qui nous est parvenue n'en fait pas mention. Il faut donc supposer que la transformation eut lieu entre l'an 462 et l'an 536 de Rome, période pendant laquelle les *Annales* sont incomplètes. Cette conjecture est d'autant plus vraisemblable que Tite-Live nous parle en 539 de Rome [1] du nouveau système comme d'une chose déjà établie.

D'un autre côté, un texte du même auteur déjà cité (page 126), et duquel il résulte que la réforme consistait dans la combinaison des trente-cinq tribus et du premier et du second ban, suppose l'existence des trente-cinq tribus. Or la trente-quatrième et la trente-cinquième ne datent que de 513. La transformation se place donc entre 513 et 536. Cette date concorde d'ailleurs avec un texte de Denys d'Halicarnasse, et aussi avec ce fait

---

[1] *Annales*, livre XXIV, § 7.

que dans l'ancien système le cens minimum de chaque classe était calculé d'après l'as d'un dixième de denier introduit en 486.

Mais essayons de préciser encore davantage. La réforme est, avons-nous dit, une réforme censoriale ; par suite elle coïncide avec un *lustrum*, c'est-à-dire les années 513, 520, 524, 529, 534 de Rome. 513 doit être rejeté, car le texte de Tite-Live cité plus haut (*post expletas quinque et triginta tribus*) suppose que la transformation du système fut postérieure à la création des deux dernières tribus. Il n'est aucun argument en faveur des années 520, 524 et 529. Au contraire l'année 534 semble devoir être choisie pour deux raisons.

D'abord Salluste place la fin des divisions des patriciens et des plébéiens vers 536. Cet heureux résultat put fort bien être obtenu par l'admission des plébéiens dans les *sex suffragia*. En second lieu parmi les censeurs de 534, se trouve Caïus Flaminius : Caïus Flaminius, qui, tout en étant l'un des plus hardis champions du parti populaire, n'hésitait pas à exclure les affranchis des tribus urbaines, Caïus Flaminius, qui, pendant son tribunat, s'était acquis la faveur populaire et la haine des grands, et qui, par son audace et l'effroi qu'il inspirait à ses ennemis, pouvait tenter et faire accepter toutes les réformes.

Sylla rétablit la constitution Servienne; mais après lui reparut le nouveau système qui resta en vigueur à Rome, tant que l'on y vota par centuries. Est donc encore vrai sous l'empire ce mot de Cicéron dans son invitation aux censeurs :

Populi partes in tribus discribunto exin pecunias, ævitates, ordines partiunto equitum peditumque.

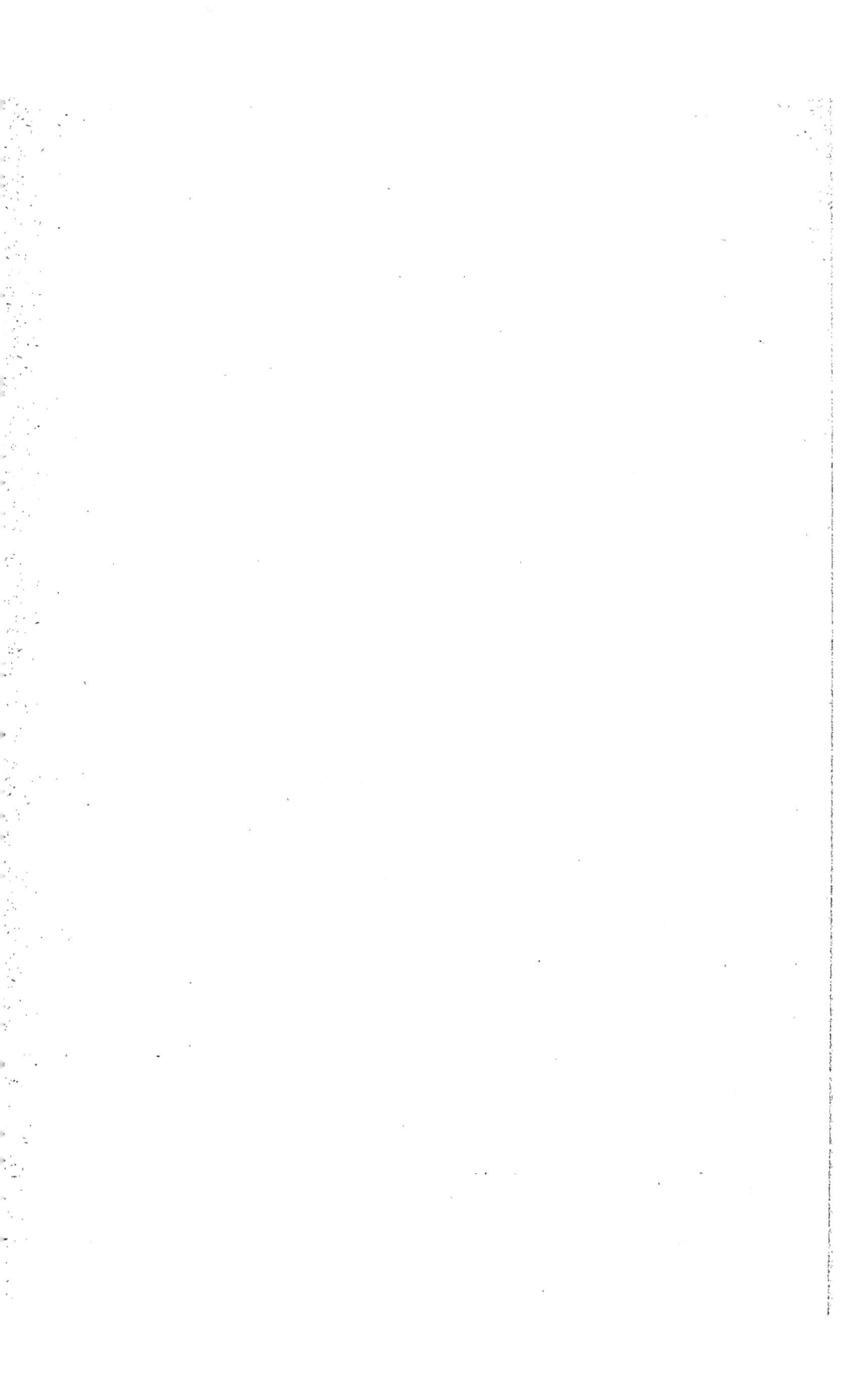

DES EFFETS

DU

JUGEMENT DÉCLARATIF DE LIQUIDATION JUDICIAIRE

INTRODUCTION

La loi du 28 mai 1838 sur la faillite était à peine promulguée que commerçants et jurisconsultes l'attaquaient sinon avec la même éloquence du moins avec la même vigueur. Cinquante ans devaient pourtant s'écouler avant que ces réclamations n'aboutissent. Ce n'est en effet que le 4 mars 1889 qu'a été promulguée au *Journal Officiel* une loi portant modification à la législation des faillites. On aurait pu espérer après une si longue attente une bonne réforme, mais une sorte de fatalité semble poursuivre nos législateurs chaque fois qu'ils s'occupent de régler le sort d'un commerçant malheureux, et les critiques de 1838 n'étaient rien auprès de celles qui ont été formulées depuis la publication de la loi sur la liquidation judiciaire.

C'est cette loi du 4 mars que nous nous proposons d'étudier à un point de vue spécial; mais, avant d'approfondir les effets du jugement qui déclare la liquidation judiciaire, il nous a semblé intéressant et utile de faire en quelques mots l'historique de la loi et de rechercher le but poursuivi par ses auteurs. Il nous sera ensuite plus aisé de comprendre son texte souvent contradictoire et parfois obscur.

§ 1. — HISTORIQUE

SOMMAIRE : J. Mesures transitoires de 1848 et de 1871. — II. Comité de négociants parisiens. — III. Projet Desseaux. - IV. Projet Saint-Martin. — V. Projet Waddington et Dautresme. — VI. Projet du Gouvernement. — VII. Projet de la Commission. — VIII. Projet Laroze. — IX. Projet Pally. — X. Projet Millerand. — XI Amendement Maxime Lecomte. — XII. Discussion à la Chambre. — XIII. Discussion au Sénat. — XIV. Vote définitif et promulgation.

I. — Les événements de 1848 avaient contraint un grand nombre de commerçants de suspendre momentanément leurs échéances. Des mesures transitoires furent alors prises pour leur éviter les rigueurs de la faillite. En 1871, la guerre étrangère et la guerre civile amenèrent les mêmes désastres : on y remédia par les mêmes remèdes. Mais en 1871, comme en 1848, quand on proposa de substituer à ces mesures temporaires des dispositions destinées à prendre place à titre permanent dans nos Codes, les membres des Assemblées législatives s'y opposèrent énergiquement, et la proposition Ducuing[1] n'eut pas plus de succès que la proposition Jules Favre[2].

[1] Dalloz, 1871, 4, 81.
[2] Dalloz, 1848, 4, 152.

II. — En 1878, un comité composé exclusivement de négociants de Paris, après avoir interrogé les Chambres syndicales, les Chambres et Tribunaux de commerce sur les modifications à apporter à la loi de 1838, publia toutes leurs réponses en les coordonnant.

III. — A la même époque, M. Desseaux proposait au Parlement de créer parallèlement à la faillite, au profit des commerçants malheureux mais honnêtes, une procédure spéciale dite *concordat amiable*. La Chambre ne nomma pas même une Commission pour examiner le projet.

IV. — Le 2 mars 1882 au contraire, après un rapport sommaire de M. Saint-Romme, elle prit en considération une proposition déposée le 15 juin 1880 par M. Saint-Martin, député du Vaucluse. Cette proposition contenait en deux cent soixante-trois articles une réforme complète du titre de la faillite. Cette dernière disparaissait avec toutes ses rigueurs et faisait place à la cessation de payements.
Cette cessation ne pouvait pas être prononcée d'office par le Tribunal, mais seulement sur la demande d'un créancier. Le débiteur conservait l'administration de ses biens jusqu'à la première assemblée tenue dans la quinzaine du jugement déclaratif. S'il y demandait un sursis de payement ou un concordat, et, si la majorité en nombre des créanciers représentant en outre les deux tiers en somme accédait à cette demande, il était remis à la tête de ses affaires, sous la surveillance de commissaires nommés par l'assemblée. Dans le cas contraire, s'ouvrait une procédure dite de liquidation forcée assez semblable à l'état d'union organisé par la loi de 1838.

Ajoutons que certaines dispositions pénales dispa-
raissaient, et que l'article 2 assimilait la déconfiture du
non commerçant à la cessation de payements du commerçant.

V. — La même assimilation se retrouve dans la proposition de loi *sur les concordats amiables ou liquida-
tions volontaires* déposée le 28 février 1882 par MM.
Waddington et Dautresme. Ce projet en dix-sept articles,
tout en maintenant les dispositions de la faillite, permet
au débiteur de reprendre l'administration complète de
ses affaires, s'il s'est mis lui-même en liquidation avec
l'autorisation du Tribunal de commerce et a obtenu un
concordat valablement homologué.

VI. — Vers la même époque, sur la demande du Gouvernement, la section de législation du Conseil d'État
élaborait un vaste projet de réforme. Ce projet dû pour la
plus grande partie à l'initiative de M. Courcelle-Seneuil
fut présenté par M. Humbert, alors garde des sceaux, le
27 juillet 1882. Comme la proposition Saint-Martin, il contenait une réforme générale, mais il était bien moins favorable aux débiteurs. La suspension de payements pouvait être déclarée d'office par le Tribunal. Le débiteur
était placé sous la surveillance directe d'administrateurs,
surveillés eux-mêmes par des contrôleurs, choisis parmi
les créanciers. En réalité, c'était la reproduction de la loi
de 1838, avec quelques abréviations de délais : la forme
et les termes étaient modifiés : le fond restait le même.

VIII — Ce furent ces trois propositions qu'eurent à
examiner les membres de la Commission des faillites.

Après de longues hésitations, la Commission les rejeta toutes et en adopta une quatrième que nous trouvons exposée dans le rapport déposé par M. Laroze sur le bureau de la Chambre le 16 février 1884 [1]. Cette proposition, dont le premier chapitre est devenu sauf quelques modifications la loi du 4 mars, s'inspirait à la fois du projet Saint-Martin et du projet du Gouvernement. Au premier elle empruntait la plus grande partie de ses dispositions sur la liquidation judiciaire : au second les articles consacrés à la faillite. Elle innovait d'ailleurs sur un grand nombre de points.

Nos députés, qui voyaient approcher la fin de leur mandat, avaient alors d'autres préoccupations ; et la législature expira avant que la discussion de la loi sur les faillites ne fût mise en tête de l'ordre du jour.

Mais si la question ne fut pas étudiée à la Chambre, elle le fut du moins par la Cour de cassation, les Cours d'appel, les Chambres de commerce, les Chambres consultatives des Arts et Manufactures, les Tribunaux de commerce, et les Tribunaux civils jugeant commercialement. Quatre cent vingt-huit rapports furent envoyés à la Commission des faillites. Trois cent vingt-six étaient favorables au projet. Mais les grands corps commerciaux ou judiciaires lui refusaient tous leur approbation.

M. Magimel, au nom du Tribunal de commerce de la Seine, le repoussait énergiquement. Il était effrayé par l'obligation de déposer son bilan dans les dix jours de la cessation de payements, sous peine de se voir refuser

---

[1] *Journal officiel*, Chambre des députés, Documents parlementaires de mars 1884, page 228.

le bénéfice de la liquidation judiciaire, obligation qui était l'un des points principaux du projet. « Non seulement », disait-il, « ce système est beaucoup moins libéral que le régime transitoire des lois de 1848 et de 1870... mais il est même plus rigoureux en cela que les lois de 1807 et de 1838... Sous ce rapport on peut dire qu'il ne répond pas à une idée libérale, à une idée d'adoucissement de la loi des faillites, et qu'il a probablement dépassé l'intention de ses auteurs eux-mêmes. »

L'éminent président de la Cour de cassation, M. Larombière, demandait le maintien de la loi de 1838, et voulait autoriser seulement les Tribunaux de commerce à rapporter, en homologuant le concordat, le jugement déclaratif de faillite à condition :

1° Que le débiteur fût malheureux et de bonne foi ;

2° Qu'il ne se trouvât en aucun cas prévu de banqueroute frauduleuse ou simple ;

3° Qu'il n'eût pas été précédemment déclaré et maintenu en état de faillite ;

4° Qu'il eût dès à présent payé 25 0/0 au moins sur le montant des créances vérifiées, ou fourni des garanties suffisantes pour assurer dans les délais fixés par le concordat le payement de 50 0/0 au moins sur les mêmes créances.

Le jugement déclaratif de faillite étant ainsi rapporté, les incapacités encourues par le failli cessaient de plein droit. Mais il ne pouvait être nommé à aucune fonction élective.

Les doctrinaires unissaient d'ailleurs leurs voix à celles des praticiens, et M. Lyon-Caën, professeur à la Faculté de Droit de Paris, n'hésitait pas à déclarer le projet **inacceptable**.

VIII. — M. Laroze aurait peut-être dû écouter des voix si autorisées. Mais, se basant sans doute sur les trois cent vingt-six adhésions qu'il avait recueillies et se préoccupant davantage du nombre que de la qualité des suffrages, il déposa le 25 février 1886 [1] sur le bureau de la Chambre, en son nom personnel et sans le modifier, le projet de la Commission de la précédente législature.

IX. — Le 11 décembre de la même année, un autre député, M. Pally, proposait de remplacer la faillite par un *contrat d'atermoiement* passé entre le créancier et le débiteur.

« Le crédit, » disait-il dans son exposé des motifs, « est indispensable au commerce, et la loi doit exiger du négociant plus de soin pour la sauvegarde de ses propres intérêts. Mais c'est à la loi pénale à intervenir dans ces cas spéciaux : c'est à elle à punir la faute, l'imprudence, ou la mauvaise foi : la loi commerciale a, au contraire, pour mission de permettre au commerçant malheureux et de bonne foi, victime de circonstances imprévues, de ne pas succomber sous les poursuites de quelques créanciers impitoyables. Elle n'a pas surtout à prescrire une liquidation forcée, longue, coûteuse et barbare [2]. »

Imbu de ces idées, M. Pally demandait que dans les trois jours de la déclaration de cessation de payements faite par le débiteur au Tribunal de commerce, les créanciers fussent convoqués pour s'entendre sur les propositions de leur débiteur.

[1] *Journal officiel*, Chambre des députés, Documents parlementaires de septembre 1886, page 1114.

[2] *Journal officiel*, Chambre des députés, Documents parlementaires de mai 1887, page 1232.

Les acceptaient-ils à l'unanimité, l'intervention du Tribunal était inutile. Elle était indispensable au contraire, si la majorité seulement était d'avis de transiger. Si l'homologation était refusée ou si le contrat d'atermoiement n'était pas accepté, créanciers et débiteurs reprenaient le libre exercice de leurs droits.

C'était, il faut le reconnaître, un système fort bizarre, sacrifiant complètement les droits des créanciers, ne statuant même pas sur le sort du débiteur. Si le contrat d'atermoiement ne pouvait se former, le projet ne cherchait même pas à établir l'égalité entre les créanciers, et laissait les plus impitoyables se faire payer au détriment des autres.

La Commission n'hésita pas, elle eut raison, à rejeter la proposition Pally ; elle adopta au contraire le projet Laroze et nomma celui-ci rapporteur [1].

X. — Un an plus tard M. Millerand, estimant que dans toute réforme de la loi des faillites il y a deux buts à atteindre, la réforme du sort des faillis, et la réforme de la procédure, et se rappelant les paroles de M. Bravard-Verrières : « La loi de 1838 est une œuvre assise sur des fondements très solides, et à laquelle il ne faut pas toucher inconsidérément, » M. Millerand, disons-nous, déposait le 17 mai 1888 un projet de loi ainsi conçu :

ARTICLE 1. — *Tout commerçant qui cesse ses payements est tenu d'en faire la déclaration, dans les dix jours, au greffe du Tribunal de commerce de son domicile. Sur le vu de cette déclaration, le Tribunal prononcera la suspension de payements.*

---

[1] Voir pour le rapport de M. Laroze le *Journal officiel*, Chambre des députés, Documents parlementaires de novembre 1887, page 876.

ARTICLE 2. — *Si le débiteur qui a satisfait aux prescriptions de l'article premier obtient son concordat, et si ce concordat est homologué par le Tribunal, la déclaration de faillite ne sera point prononcée contre lui, et il sera par suite affranchi de toutes les incapacités que la loi y attache.*

ARTICLE 3. — *Même dans le cas où le commerçant aurait laissé passer le délai prescrit par l'article premier pour la déclaration de cessation de payements ou dans le cas où il n'aurait point obtenu son concordat, le Tribunal, s'il juge le débiteur excusable, pourra ne pas prononcer contre lui la déclaration de faillite, et l'affranchir ainsi des incapacités légales.*

L'article quatre maintenait toutes les dispositions du Code de commerce non modifiées par les trois articles précédents [1].

XI. — Deux jours plus tard, le 19 mai, M. Maxime Lecomte déposait à titre d'amendement à la proposition Millerand un contre-projet aux termes duquel tout commerçant, qui déclarait la cessation de ses payements avant toute poursuite de la part de ses créanciers, échappait à la qualification de failli et à toutes les incapacités en dérivant : le failli lui-même évitait presque toutes les déchéances prononcées par le Code de commerce.

La Commission rejeta ces deux propositions ainsi que le prouve un rapport supplémentaire de M. Laroze déposé le 9 juin 1888 [2].

---

[1] *Journal officiel*, Chambre des députés, Débats parlementaires, page 1421.
[2] *Journal officiel*, Chambre des députés, Documents parlementaires de juillet 1888, page 730.

XII. — Ce dernier, voyant que son projet allait être encore ajourné à une prochaine législature, eut l'idée d'en détacher vingt et un articles, dont il demanda, lors de la rentrée des Chambres, la discussion immédiate. Et comme beaucoup de députés avaient promis à leurs électeurs la réforme de la législation des faillites, la Chambre inscrivit le 15 octobre la loi sur la liquidation judiciaire en tête de son ordre du jour.

Le lendemain la discussion commençait. Personne n'y était préparé et le garde des Sceaux lui-même dut reconnaître à la tribune que le gouvernement se trouvait dans l'impossibilité de prendre une part active à la discussion. Au début de chaque séance des députés apportaient au banc de la Commission de nombreux amendements, sur lesquels elle devait se prononcer sans avoir même eu le temps de les examiner.

C'est ainsi qu'en trois jours fut modifiée cette loi de 1838 à laquelle depuis cinquante ans personne n'avait osé toucher à la légère ; c'est dans ces conditions que fut votée une loi nouvelle intéressant au plus haut point l'honneur et le crédit de tous les commerçants français.

M. Laroze avait en effet pour lui la majorité de la Chambre comme la majorité de la Commission. Il ne fut même pas question de la proposition Pally. L'article premier de la proposition Millerand fut repoussé par 404 voix contre 91, et M. Maxime Lecomte, trouvant ce vote très significatif, retira son contre-projet.

Seul M. de La Batie attaqua avec énergie le projet Laroze. Une bonne législation commerciale devait, d'après lui, se préoccuper d'assurer avant tout ce qui est essentiel pour l'existence même du commerce, c'est-à-dire la confiance, le crédit, l'honorabilité, et ne devait que par surcroît se montrer compatissante envers le débiteur malheureux. La loi de 1838, disait-il, le frappe sans doute d'incapacités excessives : mais c'est à une loi électorale de faire disparaître ces incapacités. Il ne faut pas, pour se donner le mérite apparent d'avoir fait une loi sur les faillites, apporter à la loi actuelle une modification écourtée qui fera oublier pour longtemps la réforme totale.

M. De la Batie ne fut pas plus écouté que M. Millerand. Il essaya alors d'améliorer par une série d'amendements une proposition qui, malgré lui, allait devenir une loi. Plusieurs furent admis, et parmi ceux qui furent repoussés à la Chambre, il en est un certain nombre qui furent adoptés par la Commission sénatoriale. Et nous pouvons dire que c'est à M. De la Batie que nous devons les plus heureuses modifications apportées par les Assemblées législatives au projet Laroze.

Citons également parmi les députés qui prirent part à la discussion : MM. Thellier de Poncheville, Milliard, Goirand, Chevillotte, Bouvattier, Chevalier, Leydet, Barré, Saint-Martin et Vergoin.

XIII. — Le 20 octobre l'ensemble du projet de loi était adopté[1], et transmis au Sénat le 25. Contrairement aux prévisions de M. Millerand, à la suite d'un rapport favorable de M. Demôle[2] la Chambre haute vota l'urgence.

---

[1] Voir *Journal officiel* des 17, 19, 21 octobre 1888, Chambre des députés, Débats parlementaires, pages 2194 et suivantes, 2207 et suivantes, 2236 et suivantes.

[2] Le rapport fut déposé le 24 décembre 1888. Voir *Journal officiel*, Sénat, Documents parlementaires d'avril 1889, page 385.

Le projet de la Commission sénatoriale, différant en plusieurs points du texte admis par la Chambre, fut voté les 14, 15 et 17 janvier 1889 [1] presque sans discussion. Les dispositions transitoires et les articles sur la faillite donnèrent seuls en effet lieu à d'assez longs débats auxquels prirent part MM. Bardoux, Biré, Blavier, Bozérian, Cordelet, Lacombe, Mazeau, Oudet, Léon Renault et Trarieux.

XIV. — Certaines modifications introduites au Sénat furent admises par la Chambre le 7 février 1889 [2]. Saisie de nouveau de la question, la Chambre haute céda sur quelques points le 28 février [3]. Et les députés, désireux d'en finir, adoptèrent le 2 mars, malgré M. Laroze, le texte voté par le Sénat quatre jours auparavant [4].

Le 4 mars la loi était promulguée.

§ 2. — BUT ET IDÉE GÉNÉRALE DE LA LOI

SOMMAIRE : I. But. — II. Idée générale.

I. — La loi de 1838 déclarait dans son article premier que tout commerçant qui cessait ses payements était en état de faillite. Cet article avait pour conséquence de

---

[1] *Journal officiel* des 15, 16 et 18 janvier 1889, Sénat, Débats parlementaires, page 11 et suivantes, 19 et suivantes, 37 et suivantes.

[2] *Journal officiel* du 8 février 1889, Chambre des députés, Débats parlementaires, page 541.

[3] *Journal officiel* du 1er mars 1889, Sénat, Débats parlementaires, page 163.

[4] *Journal officiel* du 3 mars 1889, Chambre des députés, Débats parlementaires, page 483.

marquer d'une note d'infamie celui qui ne faisait pas honneur à ses engagements. Les débiteurs malheureux, effrayés par les rigueurs excessives de la loi, par les lourdes responsabilités morales et matérielles qu'ils étaient sur le point d'encourir, hésitaient toujours devant le dépôt du bilan, et cherchaient mille expédients pour retarder leur déshonneur.

Or une expérience d'un demi-siècle avait prouvé combien funestes étaient pour le débiteur et surtout pour les créanciers ces stratagèmes de la dernière heure. Le commerçant réalisait d'abord une partie de son actif pour satisfaire aux nécessités des échéances. Il diminuait ainsi son crédit, et rendait de jour en jour plus onéreuses pour lui les opérations commerciales. Bientôt il lui fallait même avoir recours à des procédés moins honnêtes, et les agents d'affaires, toujours en quête d'opérations véreuses, n'hésitaient pas à lui prêter un concours aussi coûteux que funeste. Ils l'effrayaient en lui montrant les incapacités qui allaient l'atteindre, et, spéculant sur les illusions si chères à la nature humaine, lui persuadaient que sa situation n'était pas irrévocablement compromise. Aussi tous les malheureux qui sortaient de ces officines, au lieu de s'adresser à la justice, cherchaient à obtenir l'un de ces traités si désastreux pour tous et connus sous le nom de traités amiables. Dans ce but ils donnaient en secret aux créanciers les plus impitoyables les quelques ressources dont ils disposaient, et faisaient tous leurs efforts pour dissimuler aux autres la dilapidation de l'actif et les compromissions les plus dolosives.

Vains efforts d'ailleurs! Une jurisprudence constante exigeant l'avis conforme de l'unanimité pour la validité de semblables pactes et n'hésitant pas à les annuler sur la demande d'un créancier omis ou ayant refusé son adhésion. Le traité amiable n'était donc, s'il nous est permis d'employer cette expression, que le vestibule de la faillite.

Les syndics devaient engager de nombreux procès pour chercher à rétablir l'égalité violée, procès fort coûteux, et dont l'issue était souvent très douteuse, les agents d'affaires ayant eu presque toujours soin de s'enfermer dans la légalité pour sortir de la justice. Cette longue procédure avait pour résultat d'absorber la plus grande partie de l'actif, et les créanciers ne recevaient après plusieurs années qu'un dividende presque toujours inférieur à 25 0/0.

On reprochait aussi à la loi de 1838 de n'établir aucune distinction, de frapper indifféremment celui qui était au-dessous de ses affaires, et celui qui, se trouvant momentanément gêné, se voyait contraint de ne pas payer à l'échéance une dette commerciale, bien qu'en réalité son actif fût supérieur à son passif. Sans s'occuper des variétés sans nombre qui existaient au point de vue de la culpabilité entre les débiteurs, elle appliquait à tous une règle générale, et les mettait tous au ban de la société.

C'est à ces deux maux que M. Laroze a voulu apporter un remède. « Si l'écueil principal », dit-il, « est dans la volonté des débiteurs qui désirent à tout prix éviter la faillite, il faut d'abord essayer d'agir sur cette volonté, et on ne le peut qu'à la condition de faire parler hautement la voix de l'intérêt personnel [1]. »

---

[1] *Journal officiel*, Chambre des députés, Documents parlementaires de septembre 1886, p. 1115.

La même idée avait déjà été émise par M. Courcelle-
Seneuil dans son rapport à la section de législation du
Conseil d'État. Nous y lisons, en effet, que « le côté tout
matériel que révèlent les chiffres n'est ni le seul, ni
même le principal dans les considérations qui doivent
occuper le législateur. Il importe davantage, en matière
de faillite, d'étudier le jeu des volontés humaines aussi
bien de celles qui peuvent empêcher d'atteindre le but
que de celles qui peuvent aider à s'en rapprocher. »

Or, pour les membres de la Commission, ce que désire
le débiteur, c'est un traité l'autorisant à reprendre le plus
promptement possible son négoce ; ce qu'il redoute, c'est
le déshonneur et l'infamie. Une loi qui permettra au
débiteur de bénéficier de ce traité, sans encourir de déchéances, mais à la condition formelle de n'avoir commis
aucun acte frauduleux et de déposer son bilan aussitôt
la cessation de ses payements, sera donc observée par
tous les commerçants malheureux. Ils préféreront aux
traités amiables si souvent annulés le traité conclu sous
la surveillance de la justice, puisque ce traité offrira plus
de garanties et n'entraînera point d'incapacités.

Et en même temps les créanciers pourront connaître
dès les premiers jours le bilan de l'insolvable ; ils ne
seront plus obligés d'intenter ces longs procès ; une
liquidation prompte et peu coûteuse leur permettra de
toucher de gros dividendes à brève échéance.

L'un des buts poursuivis par la Commission était donc
de substituer aux pratiques de subterfuges et de dissi-
mulation destinées à retarder la catastrophe définitive
une procédure, qui permettrait de se rendre compte dès
l'époque de la cessation des payements de la situation
du débiteur.

L'autre but, qui semblait peut-être moins essentiel à
M. Laroze, mais qui préoccupait bien autrement la majorité de la Chambre, était la suppression de la plupart
des incapacités édictées par la loi de 1838. En votant la
discussion immédiate, nos députés avaient songé plutôt
au sort du failli qu'à l'intérêt de ses créanciers, et, selon
le mot de l'un deux, avaient obéi surtout à des préoccupations électorales.

La loi du 4 mars a en effet augmenté le nombre des
électeurs. Mais a-t-elle simplifié la procédure, diminué
les frais, supprimé les traités amiables et l'intervention
des agents d'affaires? C'est là une tout autre question,
question que nous nous proposons du reste d'examiner au
cours de cette étude.

II. — Maintenant que nous connaissons les motifs de
la loi, essayons d'en donner une idée générale :

*La liquidation judiciaire est un bénéfice personnel et
révocable, que peut accorder le Tribunal de commerce
au commerçant malheureux et de bonne foi, qui lui présente à cet effet dans les quinze jours de la cessation de
ses payements une requête accompagnée de son bilan
et d'une liste, indiquant le nom et le domicile de tous
ses créanciers.*

C'est, croyons-nous, la définition la plus exacte que
l'on puisse donner de cette situation spéciale qui existe
parallèlement à la faillite. Et il nous suffira de commen-
ter chacun des termes de cette définition pour faire
connaître le sens général de la loi.

La liquidation judiciaire est un bénéfice... Celui qui
l'obtiendra ne sera plus en effet, comme le failli, dessaisi
de l'administration de ses biens. Et si la majorité en

nombre de ses créanciers représentant non plus les trois quarts comme sous la loi de 1838, mais seulement les deux tiers en somme lui accorde un concordat que le Tribunal de commmerce consente à homologuer (art. 15), ce débiteur pourra reprendre son rang dans la société puisqu'il n'aura pas été atteint par les graves déchéances de la loi de 1838.

... *Personnel*... Le Tribunal ne peut prononcer d'office la liquidation judiciaire. La Chambre a rejeté l'amendement proposé par M. Vergoin au nom de la minorité de la Commission [1] aux termes duquel la liquidation judiciaire devenant la règle et non plus l'exception pouvait être demandée dans certains cas par les créanciers. La requête du débiteur est donc indispensable; mais il peut l'adresser aussi bien lorsque la faillite est réclamée par ses créanciers que lorsqu'il dénonce lui-même la cessation de ses payements. Le projet primitif n'accordait même pas ce droit aux successeurs universels ou à titre universel du débiteur malheureux, à qui la mort n'avait pas laissé le temps de remplir cette formalité : et c'est sur la demande de M. Thellier de Poncheville qu'a été votée l'extension du bénéfice aux héritiers (art. 2) [2].

... *Et révocable*... « Notre loi », disait M. Saint-Martin, « a pour but de créer comme un vestibule au seuil de la faillite [3]. » Sans doute on ne dépasse pas toujours

[1] Au cours de ce travail, nous parlerons souvent de la minorité de la Commission: nous voulons désigner par cette expression MM. Vergoin, Chantagrel, Saint-Martin et Barré, qui ne partageaient pas sur tous les points les théories de M. Laroze et semblent seuls lui avoir opposé une certaine résistance au sein de la Commission.

[2] Voir *Journal officiel* du 17 octobre 1888, Chambre des députés, Débats parlementaires, page 2204.

[3] *Journal officiel* du 21 octobre 1888, Chambre des députés, Débats parlementaires, page 2245.

ce seuil, mais que le débiteur prenne garde à lui. Car, pendant toute la durée de la procédure, le Tribunal de commerce est investi par l'article 19 de pouvoirs assez étendus pour l'obliger à le franchir.

... *Que peut accorder le Tribunal de commerce...* Il ne peut y avoir de liquidation judiciaire sans jugement. Ce jugement, qui doit être rendu par le Tribunal de commerce du domicile du débiteur, est délibéré en Chambre du conseil, et le commerçant doit être entendu en personne à moins d'excuses reconnues valables par les juges consulaires. Cette comparution permet à ces derniers de se rendre compte approximativement des motifs de la catastrophe, des circonstances qui l'ont accompagnée ; elle leur permet en un mot de se prononcer en connaissance de cause. Car, ne l'oublions pas, quand bien même le débiteur s'est conformé aux prescriptions de la loi, le juge conserve sa pleine et entière liberté d'action. Il peut, à son choix, accorder la liquidation ou prononcer d'office la faillite : c'est ce qui résulte très clairement des débats parlementaires. « Le Tribunal », a déclaré M. Laroze répondant à une observation de M. Lorois, « est absolument libre de sa décision [1]. »

Le jugement est rendu en audience publique et n'est susceptible d'aucun recours. Les créanciers en effet, s'ils croient que le débiteur ne mérite pas la faveur qui lui a été accordée, pourront toujours l'assigner en déclaration de faillite.

La Commission ne voulait pas que le jugement fût publié. Elle tenait essentiellement à rendre aussi secrète que possible toute la procédure. « C'est », disait son rap-

---

[1] *Journal officiel* du 17 octobre 1888, Chambre des députés, Débats parlementaires, page 2201.

porteur, « cette crainte d'une publicité qui tue le crédit et ôte au débiteur l'espoir de reprendre les affaires, qui entre pour beaucoup dans les déclarations tardives dont tout le monde souffre aujourd'hui, et nous pensons que la liquidation judiciaire peut, sans inconvénients graves, demeurer circonscrite entre les juges, les créanciers et le débiteur [1]. »

MM. De la Batie, Milliard et Goirand protestèrent vivement contre cette théorie. Et il leur fut facile de démontrer : d'une part que la Commission n'atteignait même pas son but, puisqu'elle admettait le prononcé du jugement en audience publique ; d'autre part qu'elle créait des situations inextricables et sacrifiait complètement le droit des tiers qui ont le plus grand intérêt à connaître immédiatement la décision pour se conformer aux prescriptions de la loi.

Par 406 voix contre 94, la publicité usitée en matière de faillite fut déclarée applicable à la liquidation judiciaire (art. 4).

... *Au commerçant...* La loi du 4 mars ne s'applique en effet qu'à ceux qui peuvent prendre ce titre (art. 1). Elle se rapproche à cet égard du projet du gouvernement, et se sépare des propositions Saint-Martin et Waddington qui assimilaient la déconfiture à la cessation de payements.

... *Malheureux et de bonne foi...* La liquidation judiciaire n'est pas ouverte à tous ceux qui s'occupent de négoce. Elle prétend au contraire établir une distinction profonde entre l'honnête homme et le fripon ; et, si quelque fraude est découverte à une période quelconque

---

[1] *Journal officiel*, Chambre des députés, Documents parlementaires de novembre 1887, page 884.

de la procédure, elle fait place à la faillite. On pourrait lui appliquer cette vieille règle romaine qui domine du reste toute notre législation : *Fraus omnia corrumpit.*

... *Qui présente à cet effet dans les quinze jours de la cessation de ses payements une requête...* La loi de 1838 ordonnait au débiteur de déposer son bilan dans les trois jours de la cessation de ses payements sous peine d'être déclaré en banqueroute simple. Le délai était trop court pour que la disposition fût appliquée et la loi de 1838 était restée à cet égard lettre morte.

La Commission comprit, dès le début, que l'ancien délai ne pouvait être reproduit dans la loi nouvelle. Mais ses membres ne tombèrent pas d'accord sur celui qui devait le remplacer. La minorité cherchant à généraliser autant que possible la liquidation proposa trente jours. M. Laroze et la majorité ne voulurent pas y consentir. Ils prétendaient que c'était rendre possible l'intervention des agents d'affaires et faire revivre tous les abus de la loi de 1838.

Dans le projet présenté à la Chambre le délai fut fixé à dix jours. M. Barré, invoquant le cas des commissionnaires en marchandises et des négociants en relations d'affaires avec l'étranger, réclama alors vingt jours : on transigea pour quinze [1].

Mais qu'arrivera-t-il, si le commerçant présente sa requête alors que la cessation de ses payements remonte à plus de quinze jours ? Le Tribunal pourra-t-il quand même prononcer la liquidation judiciaire ? Pour nous la réponse est bien simple. Le texte de l'article 2 : *la liquidation judiciaire ne peut être ordonnée que sur*

---

[1] *Journal officiel* du 17 octobre 1888, Chambre des députés, Débats parlementaires, page 2202.

requête présentée par le débiteur... dans les quinze jours de la cessation de ses payements..., et les motifs de la loi sont absolument formels. Les auteurs du projet ont voulu surtout amener le débiteur à faire connaître sa situation le plus promptement possible ; et ce n'est que comme récompense de cette déclaration immédiate qu'ils lui accordent le bénéfice de la liquidation, qu'ils lui évitent les rigueurs de la faillite. N'est-ce donc pas méconnaître le sens même de la loi que de permettre à l'autorité judiciaire d'appliquer les dispositions nouvelles quand la requête est présentée tardivement ? Que signifieraient alors les longues discussions pour la fixation du délai ? Quelle serait l'importance de l'amendement Barré ?

Un grand nombre d'auteurs autorisent cependant les Tribunaux à déclarer en liquidation le débiteur qui présente sa requête plus de quinze jours après la cessation de ses payements. Ils s'appuient sur l'article 19 qui, distinguant les cas où peut être prononcée et ceux où doit être prononcée la faillite, dit que « *la faillite d'un commerçant admis au bénéfice de la liquidation judiciaire peut être déclarée par jugement du Tribunal de commerce, soit d'office, soit sur la poursuite des créanciers, s'il est reconnu que la requête à fin de liquidation judiciaire n'a pas été présentée dans les quinze jours de la cessation des payements.* »

Si l'article 19 avait pour but d'accorder cette faculté au Tribunal au moment où le débiteur présente sa requête, il serait difficile de le mettre d'accord avec l'article 2. La contradiction serait manifeste. D'un autre côté l'expression employée laisserait beaucoup à désirer. Comment dire en effet que le débiteur a été admis au bénéfice de la liquidation ? Il a sans doute présenté sa requête, mais le Tribunal n'a pas encore rendu sa décision, et prononcer la faillite d'un débiteur n'est pas précisément le faire bénéficier des bienfaits de la liquidation.

Tout autre est le sens de l'article 19. Lors de la requête, le tribunal a cru que la cessation des payements ne remontait pas à quinze jours : il a fait droit à la demande. Mais il a commis une erreur, erreur fort excusable du reste : car il n'est peut-être pas de mission plus délicate que celle de fixer le moment exact où commence la cessation des payements. Au cours de la procédure, les juges s'aperçoivent que leur bonne foi a été surprise : ils sont libres alors de revenir sur leur première décision, mais ils n'y sont pas obligés. En un mot, l'article 2 prévoit le cas où le Tribunal s'est aperçu immédiatement du retard apporté à la présentation de la requête, l'article 19 le cas bien différent où ce retard n'est constaté que longtemps après.

Le législateur ne s'est point contredit, mais son œuvre n'en est pas moins imparfaite. Qu'arrivera-t-il en effet ? Les commerçants honnêtes, justement à cause de leur honnêteté, en adressant tardivement une requête, que des circonstances souvent indépendantes de leur volonté ne leur avaient pas permis de présenter plus tôt, ne dissimuleront pas la date exacte de la cessation de leurs payements ; et le Tribunal, bien que convaincu de leur probité, sera obligé d'appliquer la loi et de déclarer la faillite. D'autres moins scrupuleux s'adresseront aux agents d'affaires, surprendront avec leur concours la bonne foi du Tribunal ; et souvent les juges, soit par commisération ou plutôt par faiblesse, soit aussi pour ne pas revenir sur leur décision première, profitant de la liberté d'action qui leur est laissée par l'article 19, ne prononceront pas la faillite, quand bien même elle serait réclamée plus tard par un créancier.

Un législateur plus prévoyant aurait au contraire sanctionné dans l'article 19 la règle formulée dans l'article 2. Il n'aurait pas dit : le Tribunal peut, mais le Tribunal doit déclarer la faillite.

... *Accompagnée de son bilan et d'une liste indiquant le nom et le domicile de tous ses créanciers...* Le projet ne faisait pas mention du bilan qui devait être présenté seulement à la première réunion des créanciers. M. De la Batie insista vivement sur la nécessité d'obliger le débiteur à exposer dans la requête sa situation exacte. C'était, d'après lui, le meilleur moyen d'éclairer le Tribunal investi d'un pouvoir d'appréciation très étendu, et devant rendre un jugement en dernier ressort. On éviterait d'ailleurs ainsi les payements secrets et les avantages clandestins, qui sans cela ne manqueraient pas d'être sollicités, et seraient parfois obtenus par quelques créanciers au détriment des autres et à l'insu des juges, même après la déclaration de liquidation judiciaire [1]. Ces arguments très sérieux ne furent point écoutés à la Chambre, mais ils furent goûtés par la Commission sénatoriale ; et, sur la demande de M. Demôle, le bilan fut exigé dans la requête.

Nous avons ainsi défini et en même temps résumé la loi du 4 mars. Il nous semble inutile d'insister soit sur les articles qui nous retracent la procédure en diminuant quelque peu les délais de la loi de 1838 (art. 9, 11, 12, 13, 14), soit sur les dispositions transitoires (art. 25),

[1] Voir *Journal officiel* du 17 octobre 1888, Chambre des députés, Débats parlementaires, page 2202.

soit sur les innovations en matière de faillite (art. 20 et 23). Ce serait nous égarer dans des considérations étrangères à notre sujet dont nous nous sommes peut-être déjà trop écartés. Mais nous avons toujours cru qu'il ne faut pas s'en tenir au texte seul de la loi, qu'il faut avant tout se préoccuper de l'esprit du législateur, et que la critique juridique doit toujours comme la critique littéraire s'éclairer par le flambeau de l'histoire.

§ 3. — DIVISIONS DU SUJET

Les effets produits par le jugement déclaratif de liquidation judiciaire dans l'avenir peuvent être comme ceux du jugement déclaratif de faillite répartis en sept catégories. Il semblerait donc naturel de diviser notre travail en sept chapitres. Tel n'est cependant pas le plan que nous nous proposons d'adopter. La loi du 4 mars n'a point modifié également tous les effets du jugement déclaratif de faillite pour les adapter à la situation nouvelle. Il en est quatre qui n'ont subi, pour ainsi dire, aucune transformation.

Et comme nous ne voulons point étudier ici la loi de 1838 qui a été approfondie par tant de savants jurisconsultes, nous avons cru devoir adopter l'ordre suivant.

Dans un premier chapitre qui aura pour titre : *De la situation du débiteur*, nous chercherons à nous rendre un compte exact des modifications apportées par le jugement à la capacité civile du commerçant.

Nous nous demanderons dans le second chapitre quels créanciers peuvent exercer des poursuites individuelles.

Dans le troisième nous verrons les incapacités civiques, politiques et commerciales qui ont soulevé de si longs débats à la Chambre.

Et sous ce titre : *Effets communs à la liquidation judiciaire et à la faillite*, le quatrième traitera fort brièvement de la déchéance du terme, de la cessation du cours des intérêts, de l'hypothèque au profit de la masse, et de l'interdiction de toute nouvelle inscription de privilège et dh ypothèque.

Notre travail se terminera par l'examen d'une grave question : le jugement qui déclare la liquidation judiciaire est-il précédé comme celui qui déclare la faillite d'une période suspecte? En d'autres termes, peut-il avoir pour résultat d'entraîner la nullité de certains actes accomplis depuis la cessation des payements ou dans les dix jours qui la précèdent? Ce sera l'objet d'un cinquième et dernier chapitre.

CHAPITRE PREMIER

DE LA SITUATION DU DÉBITEUR

SECTION PREMIÈRE

IDÉE GÉNÉRALE DE L'ÉTAT D'INCAPACITÉ DU DÉBITEUR

§ 1. — LE DÉBITEUR N'EST PAS DESSAISI

SOMMAIRE : I. Théorie du non dessaisissement. — II. Conséquences du non dessaisissement : *a*) quant à la correspondance du liquidé ; *b*) quant aux significations de cessions de créance ; *c*) quant aux biens déclarés insaisissables.

I. — L'article 443 du Code de commerce est ainsi conçu : *Le jugement déclaratif de la faillite emporte de plein droit, à partir de sa date, dessaisissement pour le failli de l'administration de tous ses biens, même de ceux qui peuvent lui échoir tant qu'il est en état de faillite.*

Et M. Renouard, commentant cet article et voulant expliquer ce qu'est cette mesure énergique qui ne date en réalité que de la loi de 1838, quoique l'idée en ait été introduite dans notre législation par le Code de 1807, M. Renouard, disons-nous, s'exprime ainsi :

« La vraie condition du débiteur, dont les dettes égalent ou surpassent les biens, n'est pas facile à déterminer nettement. En droit, la propriété continue à résider sur sa tête; mais, dans la réalité, ses biens sont devenus la chose de ses créanciers plus que la sienne. Cette propriété, dont il demeure le titulaire légal, ne devra plus servir qu'à sa libération et lui laissera seulement ce qui en pourra rester après l'acquittement de ses dettes : en la gérant, il gère la fortune d'autrui.

« Cette situation du débiteur n'offre plus aux créanciers une sécurité suffisante. Le désordre de ses affaires élève contre lui une présomption de mauvaise administration; son intérêt sinon moral au moins matériel à la bonne et impartiale gestion du gage commun a cessé d'être aussi positif et aussi démontré que l'intérêt qu'y ont les créanciers eux-mêmes.

« L'article 443 dessaisit en conséquence le commerçant failli de l'administration de ses biens, et la transporte à la masse des créanciers représentée par le syndic.

« L'article ne fait pas autre chose. Beaucoup de difficultés se sont élevées parce qu'on y a cherché ce qu'il n'a pas dû et n'a pas voulu dire. Il ne s'occupe en rien des droits sur les biens : il se borne à déclarer que le failli n'administrera plus [1]. »

Et le savant rapporteur de la loi de 1838 se félicite de cette mesure qui a pour conséquence l'unité d'action, et permet, selon lui, pour le plus grand intérêt des créanciers, de remplacer l'incapable par un homme versé dans les affaires.

Cinquante ans plus tard, on professait à la Chambre une opinion bien différente; et un autre député, rapporteur également de la Commission des faillites, s'élevait

---

[1] *Traité des faillites et banqueroutes*, tome I, pages 290 et suivantes.

avec force contre cette idée de faire disparaître pour
ainsi dire du monde un commerçant malheureux mais
honnête.

C'était, prétendait-il, une des causes principales du
succès des agents d'affaires. Les débiteurs ne voulaient
pas se confier à la surveillance de la justice, parce que
cette justice allait commencer par en faire des Ilotes,
parce qu'elle allait les considérer comme des non valeurs,
parce qu'elle ne leur permettrait plus de se mêler au
monde des affaires, parce qu'en un mot elle allait tout
leur enlever, ne leur laissant que leur nom et encore
après l'avoir flétri.

Aussi le but poursuivi par les auteurs de la loi nouvelle est de réagir contre cette situation, de laisser le
débiteur à la tête de ses affaires, en le soumettant seulement à une certaine surveillance, de lui conserver
ainsi autant que possible la confiance du public afin de
lui permettre de continuer son commerce dans des conditions favorables, dès qu'il aura obtenu un concordat.
La liquidation judiciaire n'est en effet « qu'un mode de
règlement entre les créanciers et le débiteur présumé de
bonne foi [1] ».

Ce n'est plus le syndic qui va agir, mais le liquidé lui-
même. Mais comme il a déjà montré une certaine
imprudence, comme d'un autre côté il va être soumis
à des sollicitations dangereuses, à des pressions morales
de la part de ses créanciers, il devra être assisté par des
conseils appelés liquidateurs judiciaires: la loi, en un
mot, organise tant dans l'intérêt des créanciers que dans

---

[1] *Journal officiel*, Chambre des députés, Rapport Laroze, Documents parlementaires de septembre 1886, page 1114.

l'intérêt du débiteur lui-même tout un système de surveillance et de contrôle.

C'est ce que beaucoup d'auteurs expriment en disant
que le commerçant est dessaisi d'une partie de l'administration de ses biens. L'expression ne nous semble pas
exacte quoiqu'elle soit empruntée à l'un des rapports de
M. Laroze. Le dessaisissement n'est, nous l'avons dit,
que le transport de l'administration des biens du failli à
une ou plusieurs autres personnes. Or un dessaisissement partiel ne pourrait être que le transport d'une partie de cette administration : il supposerait donc toujours
des administrateurs, des gérants. Et ce titre ne peut être
donné à aucun des surveillants créés par la loi du
4 mars. C'est ce qui résulte très clairement des débats
parlementaires.

Lors de la discussion de l'article 6 du projet, qui chargeait le débiteur d'accomplir les actes ordinaires d'administration sous la surveillance du liquidateur, M. Chevillotte proposa à la Chambre de modifier complètement
le texte et de confier ce soin « au liquidateur assisté du
débiteur ou le débiteur dûment appelé [1] ». M. Chevillotte
trouvait dangereux de confier à un homme au moins imprudent et incapable la conduite de la liquidation et de
ne laisser au liquidateur que la surveillance. M. Laroze
déclara que l'amendement intervertissait les rôles et
changeait les conditions de la loi. C'était bien reconnaître que l'administration devait appartenir exclusivement au débiteur; et la Chambre a donné à cette
opinion une consécration législative en adoptant sans
modifications le texte du projet.

[1] *Journal officiel* du 19 octobre 1888, Chambre des députés, Débats
parlementaires, page 2219.

· On nous objectera peut-être que notre théorie, vraie lors de la première discussion au Palais-Bourbon, n'est plus exacte aujourd'hui. Le Sénat a en effet apporté une modification profonde à l'article 6 en permettant, comme nous le verrons plus loin, aux liquidateurs d'accomplir certains actes d'administration au refus du débiteur.

Cet argument ne nous semble pas fondé. Il suffit de lire le rapport de M. Demôle [1] pour se convaicre que cette transformation n'a eu pour but que de sauvegarder les droits des créanciers, et qu'elle n'a fait qu'apporter une exception à la règle générale. En l'introduisant dans la loi, la Commission sénatoriale ne songeait point à enlever la gérance au débiteur et à modifier le rôle des liquidateurs.

II. — En résumé, le commerçant admis au bénéfice de la loi du 4 mars n'est pas dessaisi même partiellement de l'administration de ses biens : et, à ce point de vue, sa situation diffère essentiellement de celle du failli.

a) — Malgré les termes de l'article 24 qui déclare que *toutes les dispositions du Code de commerce, qui ne sont pas modifiées par la présente loi, continueront à recevoir leur application en cas de liquidation judiciaire,* il ne faudra donc pas appliquer au débiteur l'article 471, § 3, du Code de commerce et charger les liquidateurs d'ouvrir les lettres à lui adressées. Car cette mission des syndics est fondée sur le dessaisissement du failli. Le liquidé continuera à recevoir lui-même sa correspon-

[1] Voir *Journal officiel*, Sénat, Documents parlementaires d'avril 1889, page 385.

dance, et il devra seulement communiquer au liquidateur les lettres traitant d'affaires commerciales.

b) — Nombreuses sont du reste les conséquences du non dessaisissement. Un commerçant a-t-il cédé une créance à un tiers, s'il vient à être déclaré en faillite, le cessionnaire ne pourra plus signifier valablement la cession au débiteur. Le dessaisissement produit en effet une sorte de saisie générale, qui atteint tout le patrimoine et équivaut pour les créances à une saisie-arrêt mise par les créanciers entre les mains du débiteur. Cette signification sera au contraire valable, si elle intervient après le jugement qui déclare ouverte la liquidation judiciaire. Sous quel prétexte en effet pourrait-on la déclarer inefficace. Ce jugement n'entraîne pas de mainmise sur le patrimoine du liquidé, puisque celui-ci continue l'administration de ses biens. Il ne peut donc être question ici de saisie-arrêt, et le débiteur, qui aurait reçu une semblable notification, se libérerait valablement en payant entre les mains du cessionnaire.

c) — En outre avec la loi du 4 mars ne se présenteront plus les nombreuses difficultés auxquelles donne lieu le dessaisissement. C'est en effet une délicate question que celle de savoir si cette mainmise judiciaire s'applique aux biens déclarés insaisissables par la loi. Tous les auteurs admettent qu'elle ne frappe pas les rentes françaises, dont l'insaisissabilité, créée par les lois du 8 nivôse an VI et du 22 floréal an VIII, tient à des motifs d'ordre public et a pour but de favoriser le crédit de l'État.

Mais que décider quand l'insaisissabilité a été admise par des raisons d'humanité (C. pr. c., art. 592, 593, 581, § 1, 2 et 4)? Faut-il dire avec M. Demangeat que le dessaisissement n'est qu'une saisie générale et ne peut

exister dans tous les cas où est interdite une saisie spé
ciale ? Faut-il soutenir au contraire avec M. Renouard
que la loi des faillites forme un système complet, se
suffit à elle-même, et a recours à des mesures spéciales
pour que l'humanité soit satisfaite?

Comment concilier l'article 582 du Code de procédure
civile, qui déclare que les sommes données ou léguées à
la condition qu'elles ne seront pas saisies pourront
cependant l'être sous certaines conditions par des créanciers postérieurs à l'acte de donation ou à l'ouverture
du legs, avec le principe de l'égalité entre tous les créanciers, si les uns sont antérieurs et les autres postérieurs
à cette donation ou à ce legs?

Difficiles problèmes qui ont souvent attiré l'attention
des jurisconsultes, mais qui ne se posent pas avec la loi
nouvelle, la suppression du dessaisissement entraînant
la disparition de toutes ses conséquences.

§ 2. — LE DÉBITEUR EST EN CURATELLE

SOMMAIRE : I. But poursuivi par le législateur en organisant cette
curatelle. — II. Conséquences du but poursuivi.

I. — Mais si le liquidé n'est pas dessaisi, il ne conserve pas pour cela sa pleine et entière capacité civile.
Le jugement, qui l'admet au bénéfice de la loi du 4 mars,
le met en curatelle. Et, s'il existe une certaine analogie
entre le failli et le mineur non émancipé, tous deux incapables d'agir, et représentés tous deux par un tiers dans
les actes de la vie civile, il existe une analogie bien plus
frappante entre le liquidé et le mineur émancipé. L'un

et l'autre agissent en personne, mais l'un et l'autre doivent être assistés d'un conseil dans les cas déterminés par la loi. Tous deux ne doivent pas se borner à demander l'avis de leur curateur; ils doivent en outre suivre cet avis.

Mais il ne faudrait pas pousser trop loin cette comparaison. Les deux situations sont loin d'être identiques. Le mineur émancipé est encore presque un enfant, il est plein d'inexpérience. Ses pères lui ont transmis un patrimoine intact. C'est ce patrimoine qu'il s'agit de conserver et de conserver pour lui. La curatelle qu'on lui impose est organisée uniquement dans son intérêt : le législateur ne veut pas qu'il compromette un capital, qui lui sera si utile un jour. Il le protège en un mot contre des entraînements qui auraient pour cause son inexpérience et l'imperfection de ses facultés naturelles. Aussi cette protection, limitée aux actes les plus difficiles de la vie civile, est illimitée quant aux personnes vis-à-vis desquelles le mineur peut s'en prévaloir.

Tout autre est le but poursuivi par la loi du 4 mars : le liquidé n'est plus un enfant : il a la plupart du temps vieilli dans les affaires : c'est souvent, il est vrai, un imprudent, mais souvent aussi il a été victime d'événements fortuits, de catastrophes imprévues que toute la prudence humaine aurait été impuissante à prévenir. Le législateur, en organisant tout ce système de surveillance et de contrôle, n'a donc pas eu pour but principal de le protéger contre son inexpérience. Il a songé bien plutôt à l'intérêt de ses créanciers. Il s'est rappelé que les biens qui semblent encore lui appartenir sont en réalité la fortune d'autrui. Il a craint que celui, qui n'a plus qu'un intérêt moral à la conservation de son patrimoine,

ne se lance dans des entreprises sinon malhonnêtes du
moins hasardeuses, et continue ses dilapidations. Il a
essayé en un mot de sauver du naufrage quelques
épaves.

II. — Le mineur émancipé est protégé, le débiteur
est surveillé. Le premier peut dissiper ses revenus,
puisque ses revenus lui appartiennent et sont destinés à
son entretien ; il peut accomplir seul les actes de pure
administration. Le second pour ces actes mêmes doit
obtenir l'assistance de son curateur : il doit en effet
réserver ses revenus à ses créanciers. En remplissant
certaines formalités, la vente des immeubles de l'émancipé est possible : l'aliénation de ceux du liquidé est au
contraire interdite, puisque ses immeubles ne sont plus
qu'une propriété apparente.

Mais d'un autre côté, si l'incapacité du mineur est
illimitée quant aux personnes, celle du débiteur est
essentiellement relative, et ne s'étend qu'aux actes qui
peuvent compromettre l'intérêt de la masse. Chaque fois
que cet intérêt des créanciers n'est pas en jeu, le liquidé
reprend sa pleine et entière indépendance.

C'est ainsi qu'à la différence du mineur il reste aux
termes du droit commun capable de s'obliger. Il est
vrai qu'il lui sera sans doute assez difficile de trouver
des personnes qui consentiront à traiter avec lui ; l'article 5 lui interdit, en effet, de contracter de nouvelles
dettes, ce qui veut dire que les nouveaux créanciers ne
pourront faire valoir aucun droit sur ses biens présents,
et devront limiter leur action aux biens à venir.

Tandis que le mineur ne peut seul accepter une donation ou un legs, le liquidé peut accomplir seul tous les

actes de nature à augmenter son patrimoine. Il pourrait
même accepter une succession ; mais cette acceptation,
bien que pure et simple, ne pourrait pas plus qu'un emprunt et toujours pour les mêmes motifs préjudicier aux
intérêts de la masse : les créanciers de la succession
n'auraient donc pas le droit de poursuivre le liquidé sur
ses biens personnels ; mais, s'ils ne demandaient pas la
séparation des patrimoines, la masse pourrait venir avec
eux au marc le franc sur les biens de la succession.

Le débiteur n'a pas besoin non plus de l'assistance de
son liquidateur pour intervenir dans un procès, où son
intérêt moral se trouverait engagé : lui seul doit être
juge de son honneur, lui seul a mission de le défendre.

C'est pour la même raison qu'il conserve l'exercice de
tous les droits attachés à la personne, peu importe d'ailleurs qu'il s'y joigne ou non un intérêt pécuniaire. On ne
peut parler en effet d'assistance d'un liquidateur, quand
il s'agit d'intenter une action en séparation de corps, en
divorce ou en désaveu de paternité ; et la loi n'admet pas
non plus cette assistance, s'il y a lieu de faire révoquer
une donation pour cause d'ingratitude.

Ce qui prouve d'une manière certaine que la curatelle
qui nous occupe actuellement est organisée dans l'intérêt des créanciers, c'est que si le liquidé est chargé à un
titre quelconque de l'administration des biens d'autrui,
il continue seul cette administration, peu importe d'ailleurs qu'il s'agisse soit des propres ou des immeubles
dotaux de sa femme, soit des biens de ses enfants
mineurs, soit de ceux d'orphelins ou d'interdits dont il a
la tutelle. Et, si l'article 1443 du Code civil assure à la
femme qui la demande en pareil cas la séparation de
biens, il nous semblerait illégal de destituer de la tutelle

le commerçant honnête que des faits de force majeure auraient obligé à cesser ses payements. L'article 144 du Code civil, qui s'applique aussi, d'après Demolombe, à l'administration légale, n'atteint en effet que ceux dont la gestion atteste l'incapacité ou l'infidélité[1].

Nous sommes donc en droit de dire que l'incapacité du débiteur n'est qu'une incapacité relative, que l'on ne l'a astreint à une surveillance que pour les actes qui pourraient compromettre l'intérêt de ses créanciers. Le liquidé ne rentre pas dans la catégorie de ceux que la loi appelle des incapables. Il est en principe capable et tout ce que la loi ne lui interdit pas lui est permis. C'est ce qui résulte surabondamment des derniers mots de la discussion au Sénat. Le président ayant mis aux voix l'ensemble du projet, M. Lacombe réclama la parole.

« Je demande à la Commission », dit-il, « quelle est la situation exacte de celui qui sera mis en liquidation judiciaire. Le principe du droit civil, c'est la capacité absolue : nous avons le droit de faire tout ce que la loi ne nous interdit pas : en cas de faillite il en est tout autre-

---

[1] On pourrait aussi établir un rapprochement entre la situation du débiteur et celle des personnes pourvues d'un conseil judiciaire. Ces dernières sont en effet en curatelle puisqu'elles ne peuvent plaider, transiger, emprunter, recevoir un capital mobilier ni en donner décharge, aliéner ni grever leurs biens d'hypothèques sans l'assistance d'un conseil. Mais nous avons préféré prendre le mineur pour terme de comparaison : l'analogie nous a semblé plus grande, car on peut trouver une certaine ressemblance entre le rôle du Tribunal de commerce en cas de liquidation judiciaire, et le rôle du Tribunal civil en cas d'émancipation ; l'assemblée des créanciers rappelle quelque peu le Conseil de famille. Rien de tel au contraire en cas de Conseil judiciaire : le Tribunal et la famille ne sont point consultés sur les actes à accomplir par l'incapable. Le conseil judiciaire, d'ailleurs, n'a point été créé dans l'intérêt des tiers, mais bien dans l'intérêt de celui qui en est pourvu. A cet égard encore, il diffère donc de l'institution que nous étudions.

ment. D'apès l'article 443 du Code de commerce, le failli est dessaisi ; il n'a plus d'autre capacité que celle fort restreinte que lui laisse la loi. Entre ces deux extrêmes, quelle sera, d'après votre loi, la position du commerçant en état de liquidation judiciaire.

« Pour moi je ne mets pas la réponse en doute. Son incapacité ne sera que relative, c'est-à-dire qu'il aura le droit de faire, soit seul, soit avec l'assistance du liquidateur, tout ce que la loi actuelle ne lui interdit pas d'une manière expresse. Mais cette appréciation m'est personnelle, et il me paraît utile qu'elle soit confirmée ici à cette tribune, au nom de la Commission et avec la grande autorité des déclarations qui émanent d'elle, afin qu'elle puisse servir de guide incontestable dans les interprétations futures de la loi. »

Le rapporteur de la Commission sénatoriale déclara alors à M. Lacombe que la question posée n'était pas susceptible de deux réponses.

« La loi sur la liquidation judiciaire, » dit-il, « place en effet le négociant qui en est l'objet dans un état intermédiaire entre la situation normale de l'homme en possession de tous ses droits et la déchéance absolue, l'incapacité totale résultant de la loi de 1838 pour le commerçant déclaré en faillite. A ce titre, il y a différents actes que notre loi interdit absolument au négociant en état de liquidation judiciaire, et qu'il ne peut faire ni seul, ni avec l'assistance de personne.

« Il y en a d'autres qu'il ne peut faire qu'avec l'assistance et sous la surveillance de ces agents, que nous appelons improprement faute d'une meilleure expression les liquidateurs judiciaires, mais qui ne sont en réalité que des curateurs.

« Pour tous les autres actes qui peuvent ne pas rentrer dans ces catégories, il est évident qu'il se trouve dans
les conditions ordinaires, et qu'en vertu du principe général il peut faire tout ce que la loi ne lui défend pas [1] ».

C'est sur ce mot que fut voté l'ensemble du projet.

SECTION II

DU ROLE DU PERSONNEL DE LA LIQUIDATION

Nous avons maintenant une idée générale de l'état
d'incapacité du débiteur ; mais, pour compléter cette
idée, avant d'examiner les formalités exigées par la loi
pour chacun des actes énumérés par elle, il nous faut
faire connaissance avec le personnel de la liquidation.

Nous ne parlerons pas ici du juge-commissaire, qui,
comme en matière de faillite, est nommé par le jugement
et doit être un des membres du Tribunal ; nous n'insisterons que sur le rôle des liquidateurs et des contrôleurs.

§ 1. — DU ROLE DES CONTROLEURS

SOMMAIRE : I. But et historique de cette institution. — II. Fonctions
des contrôleurs. — III. Critique.

I. — Ce seront ces derniers dont nous nous occuperons tout d'abord. Il nous a paru en effet indispensable

---

[1] *Journal officiel* du 18 janvier 1889, Sénat, Débats parlementaires,
page 41.

de les connaître pour pouvoir répondre à certaines questions fort délicates que nous serons obligés d'examiner en étudiant le rôle des liquidateurs.

Le législateur de 1838 avait cru inutile de permettre aux créanciers de surveiller les syndics : il avait pensé qu'il suffisait pour cette mission du Tribunal de commerce et du juge-commissaire. On avait vivement critiqué cette absence de contrôle, et prétendu que souvent les syndics en profitaient pour négliger la gestion qui leur était confiée et retarder la liquidation. Les créanciers, disait-on, ont le droit de surveiller celui qui les représente. Et ce droit leur est reconnu par les législations étrangères et notamment par la législation allemande, qui leur permet d'élire dans leur première assemblée comme représentant de la faillite un autre agent que celui désigné par le Tribunal.

Tenant compte de ces critiques, le Conseil d'État dans le projet élaboré par lui avait institué des contrôleurs. C'est cette disposition qui a été reproduite dans la loi du 4 mars.

Ces contrôleurs sont nommés par les créanciers et doivent être choisis parmi eux. Leurs fonctions sont gratuites.

Le projet Laroze considérait cette institution comme l'une des bases de la loi nouvelle, et le paragraphe 3 de l'article 9 obligeait les créanciers lors de la première réunion à élire parmi eux deux contrôleurs.

M. Bouvattier déposa un amendement ayant pour but de rendre cette nomination facultative. Il lui semblait d'autant plus difficile de trouver dans le cercle déjà étroit des créanciers des hommes capables de remplir cette mission utilement, que ces fonctions gratuites ne pourraient être acceptées que par des personnes résidant dans le lieu même de l'ouverture de la liquidation. La masse se verrait donc souvent obligée de confier ce rôle de surveillance à des créanciers tracassiers, sans valeur et peut-être sans conscience, qui ne feraient que troubler le liquidateur dans son œuvre. Qu'arriverait-il d'ailleurs si tous refusaient le contrôle? Faudrait-il renoncer à la liquidation judiciaire et priver de ce bénéfice un commerçant malheureux ?

M. Laroze ne répondit même pas à cette dernière objection ; il se borna à déclarer que l'institution des contrôleurs était d'entre les dispositions de la loi nouvelle la plus utile et la plus libérale, et, malgré les objurgations de M. De la Batie, la Chambre rejeta l'amendement Bouvattier [1].

Mais la Commission sénatoriale n'admit point le texte voté au Palais Bourbon : elle fut justement émue des inconvénients signalés par M. Bouvattier et demanda au Sénat de rendre facultative la nomination des contrôleurs : c'est ce qui eut lieu.

Le 19 janvier 1889, les députés revenant sur leur première décision, se rangeaient à l'avis de la Chambre haute. Il est vrai que sur la demande de M. Laroze, ils ordonnaient au juge-commissaire de consulter les créanciers sur l'utilité de l'élection des contrôleurs ou du contrôleur (puisqu'il peut n'en être nommé qu'un seul), et permettaient cette élection à toute période de la liquidation. C'est ce que dit l'article 9... *Les créanciers sont consultés par le juge-commissaire sur l'utilité d'élire immédiatement parmi eux un ou deux contrôleurs.*

[1] Voir *Journal officiel* du 21 octobre 1888, Chambre des députés, Débats parlementaires, page 2237.

Ces contrôleurs peuvent être élus à toute période de la liquidation, s'ils ne l'ont été dans cette première assemblée.

II. — L'article 10 nous montre que les fonctions des contrôleurs sont de deux sortes :

Ils ont d'abord une mission de surveillance : c'est à ce titre qu'ils doivent vérifier les livres et l'état de situation présenté par le débiteur, contrôler les opérations des liquidateurs ; c'est à ce titre encore qu'ils ont le droit de demander compte de l'état de la liquidation judiciaire, des recettes effectuées et des versements faits.

Ils ne sont pas seulement des surveillants ; ils doivent être aussi des conseils. Pour accomplir certains actes, les liquidateurs sont obligés de demander leur avis. Mais ce n'est là qu'une simple formalité : cet avis n'a rien d'obligatoire. Leurs attributions, a-t-il en effet été déclaré à la Chambre, ne doivent être que purement consultatives. La Commission n'a pas voulu que les contrôleurs fussent engagés de peur de rendre leur recrutement impossible. Donner un avis d'ailleurs n'a jamais été synonyme d'imposer un avis : si le législateur avait entendu que l'avis des contrôleurs fût suspensif, il aurait écrit après autorisation ou avis conforme. Et, loin d'infirmer cette opinion, la responsabilité édictée par l'article 10 est une preuve certaine de sa véracité. La loi ne les déclare en effet responsables qu'en cas de faute lourde et personnelle, c'est-à-dire en cas de dol.

Il n'est pas nécessaire que les contrôleurs soient entendus en personne ; mais, pour éviter des désaveux regrettables, les liquidateurs ne sauraient trop exiger d'eux un avis par écrit.

III. — Voilà donc toute cette réforme tant rêvée par certains membres de la Commission, cette réforme qui d'après eux devait hâter la solution définitive de la liquidation. Ils ne songeaient donc pas qu'à chaque instant le liquidateur serait arrêté dans sa tâche, qu'il ne pourrait pas agir, parce qu'il lui faudrait nécessairement l'avis des contrôleurs. Et presque toujours cet avis se fera longtemps attendre : souvent les contrôleurs demanderont à réfléchir, souvent aussi ils seront absents. Mais cet avis évitera-t-il du moins une catastrophe, empêchera-t-il le liquidateur d'accomplir un acte préjudiciable à la masse? Assurément non. Le liquidateur, qui a longtemps étudié la situation du débiteur, qui a déjà dirigé un grand nombre d'opérations de même nature, se préoccupera fort peu de ce que peuvent penser des créanciers ignorant autant l'affaire que les principes du droit. Quand il aura rempli la formalité légale, il suivra toujours son inspiration. Mais cette formalité aura rendu nécessaire un long retard très préjudiciable à la masse.

Quant à la mission de surveillance dont sont investis les contrôleurs, nous la croyons elle aussi plus funeste qu'utile : nous pensons avec le législateur de 1838 qu'il suffirait bien pour cela du juge-commissaire, et nous avons appris avec plaisir que plusieurs Tribunaux de commerce cherchaient à annihiler cette disposition de la loi nouvelle, en dissuadant les créanciers de nommer des contrôleurs.

§ 2. — DU ROLE DES LIQUIDATEURS

SOMMAIRE : I. Notions générales sur les liquidateurs. — II. Relations du liquidateur et du liquidé : *a*) le liquidateur n'est qu'un surveillant ; *b*) il a cependant parfois, à titre exceptionnel, une certaine initiative ; *c*) conflits non prévus par la loi. — III Relations du liquidateur et des créanciers : *a*) le liquidateur doit accomplir certains actes dans l'intérêt des créanciers ; *b*) il ne représente pas la masse ; *c*) conséquences de cette non représentation. — IV. Critique.

I. — Le projet Laroze ne permettait de nommer qu'un seul liquidateur. Ses auteurs avaient pensé qu'il n'était pas nécessaire de multiplier le nombre de curateurs, et de compliquer ainsi les conflits qui ne manqueraient pas de s'élever entre eux et le liquidé. Ils avaient à notre avis raison. Mais, le Sénat ayant adopté un amendement de M. Léon Renault, l'article 4 nous apprend que, par le jugement qui admettra la requête, le Tribunal nommera un ou plusieurs liquidateurs provisoires. Ce seront eux qui presque toujours seront désignés par le même Tribunal comme liquidateurs définitifs après avis des créanciers.

Ce n'est pas ici le moment d'étudier toutes les questions auxquelles peut donner lieu cette nomination ; ce serait nous écarter de notre sujet, et nous n'avons à examiner que le rôle des liquidateurs.

Ils sont à la fois, nous dit M. Laroze, les conseils du débiteur et les surveillants des intérêts des créanciers. Examinons donc l'une après l'autre ces deux missions, qui nous permettront de mieux apprécier l'état d'incapacité du liquidé.

II. — « Le liquidateur », lisons-nous dans le rapport de M. Laroze, « est le conseil du débiteur. Aux yeux du public, ce dernier paraît encore à la tête de ses affaires. Aussi il a fallu placer à son côté un agent, qui pût être à la fois son appui et son surveillant, qui, rompu à la pratique des affaires, pût éviter les dangers imminents et prendre en même temps des précautions pour sauvegarder les intérêts des créanciers [1]. »

Ces paroles sont une confirmation éclatante de la vérité de la thèse que nous avons soutenue. Elles prouvent bien que nous avons trouvé le mot juste en disant que le liquidé est en curatelle, et que nous ne nous sommes pas non plus trompés en indiquant le but de cette curatelle.

a) — Le liquidateur n'a qu'une mission de surveillance ou plutôt d'assistance, puisque la rédaction de l'article 6 sur la demande de M. Goirand [2] a été modifiée en ce sens. Et cette assistance consiste dans le concours de la personne du liquidateur aux actes du liquidé.

b) — Le texte adopté par la Chambre des députés attribuait exclusivement l'initiative au débiteur et n'apportait aucune dérogation à cette règle. Mais le Sénat crut devoir y introduire une exception. Craignant que sous l'empire d'influences très diverses le débiteur ne compromit par une inaction maladroite son propre intérêt et celui de ses créanciers, il décida que pour certains actes urgents le liquidateur pourrait agir quand bien même le

[1] *Journal officiel*, Chambre des députés, Documents parlementaires de novembre 1887, page 876.
[2] Voir *Journal officiel* du 19 octobre 1888, Chambre des députés, Débats parlementaires, page 2218.

liquidé refuserait son concours. L'article 6 lui permit
donc de procéder seul au recouvrement des effets et
créances exigibles, de faire tous actes conservatoires,
d'intenter ou de suivre toute action mobilière ou immobilière, à la charge toutefois de mettre dans ce dernier
cas le débiteur en cause.

L'article ainsi modifié revint devant la Chambre; non
seulement elle admit l'avis du Sénat, mais de l'exception
elle voulut faire la règle générale et autorisa les liquidateurs à agir seuls dans tous les cas où leur assistance
était prescrite et où le débiteur refusait son concours ou
était empêché par un motif quelconque. C'était modifier
complètement l'économie de la loi, et rendre aux liquidateurs sous une autre forme, il est vrai, les anciens
pouvoirs des syndics. Le liquidé serait resté en droit
à la tête de ses affaires mais en fait on se serait passé de
lui, et son rôle aurait été aussi effacé que celui du failli.

C'est ce que comprit M. Demôle. « Allons-nous permettre au liquidateur », lisons-nous dans son second
rapport au Sénat, « de continuer contre la volonté, sans
la participation et cependant pour le compte du commerçant l'exploitation d'un commerce ou d'une industrie dont
celui-ci juge utile d'arrêter les opérations? Allons-
nous permettre au liquidateur d'imposer au débiteur une
transaction ou un désistement alors que le débiteur pro-
teste et considère cette transaction ou ce désistement
comme absolument contraire à son intérêt? Et dans le cas
de l'article 450 du Code de commerce voulons-nous que
le bail des immeubles affectés au commerce du débiteur, y compris les locaux dépendant de ces immeubles
et servant à son habitation et à celle de sa famille, cesse
de continuer par la volonté des liquidateurs alors que

l'intention du débiteur serait directement opposée? Il s'agit de savoir en un mot si vous voulez faire du régime de la faillite le régime de la liquidation judiciaire [1] ».

C'était poser très clairement la question. Le Sénat comprit combien contraire au but poursuivi et au régime de la liquidation était la réforme introduite au Palais Bourbon. Il maintint la règle primitive. Le liquidateur est donc resté ce qu'il devait être, un surveillant, et la Chambre haute a même restreint l'initiative, qu'elle lui avait d'abord accordée à titre exceptionnel.

Pour la légitimer et la régulariser devant les tiers, elle a en effet exigé, conformément aux désirs exprimés par les députés, l'autorisation préalable du juge-commissaire. C'est seulement en vertu d'une ordonnance de ce magistrat que le liquidateur pourra seul procéder au recouvrement des effets et créances exigibles, accomplir les actes conservatoires, vendre les objets sujets à dépérissement, à dépréciation imminente ou dispendieux à conserver.

Cette autorisation n'est cependant pas nécessaire au liquidateur pour intenter ou suivre une action. Il a paru anormal au Sénat de faire autoriser par un juge l'introduction d'un procès. Et il lui a semblé suffisant à cet égard de l'avis des contrôleurs et de la mise en cause des débiteurs.

c) — Mais qu'arrivera-t-il, s'il n'y a pas de contrôleurs? Quel sera alors le titre régulier qui permettra au liquidateur d'agir en justice? Telle est la question que se pose M. Goirand dans son *Commentaire théorique*

---

[1] *Journal officiel*, Sénat, Documents parlementaires de 1889, annexe, n° 46.

et pratique de la loi du 4 mars. Il est regrettable qu'il ne l'ait pas de préférence posée à la Chambre. Nous aurions eu alors une solution législative et n'aurions pas été obligés de nous livrer à des conjectures.

Nous n'admettons pas d'ailleurs la théorie de l'ouvrage en question. D'après M. Goirand, l'esprit sinon le texte de la loi exige que les créanciers soient toujours consultés à ce sujet. S'il n'y a pas de contrôleurs, il faudra nécessairement convoquer une nouvelle assemblée pour procéder à leur nomination.

Ce système est selon nous inadmissible. Qu'arriverait-il en effet si personne ne voulait accepter les fonctions de contrôleur ? Le curateur, paralysé d'un côté par l'inertie du liquidé, le serait de l'autre par la loi qui lui imposerait l'avis de contrôleurs introuvables.

Il en serait donc réduit à ne pas intenter l'action. Et, en admettant même que certains créanciers acceptent cette charge, que de frais, que de complications, que de lenteurs, quand la loi a investi justement le liquidateur d'un pouvoir exceptionnel dans un but de célérité et pour lui permettre d'accomplir le plus promptement possible les actes urgents.

Pour nous la réponse est facile. Lorsque les créanciers ont reconnu qu'il n'y avait pas lieu de choisir parmi eux des mandataires, chargés de veiller à leurs intérêts communs, lorsqu'ils ont renoncé à la protection qui leur était offerte, lorsqu'ils ont par suite augmenté les pouvoirs des liquidateurs, il est rationnel que ceux-ci puissent agir sans autre formalité que la mise en cause du liquidé.

Ce n'est pas du reste la seule difficulté qui n'ait pas été prévue par le législateur. Il a oublié en effet de nous dire si le débiteur pourra vaincre la résistance de son curateur. Dans la séance du 7 février 1889 la question a pourtant été posée par M. Chevillotte en ces termes : « Les liquidateurs n'ont qu'un droit d'assistance. Quelle est la portée de cette expression ? Cela veut-il dire que le liquidé ne pourra faire aucun des actes de l'article 6 sans l'assentiment des liquidateurs. [1] » Elle est malheureusement restée sans réponse.

Que faut-il donc décider ? Il nous semble contraire à l'esprit de la loi de considérer cette résistance comme invincible. La situation du débiteur ressemble à celle du mineur émancipé : tous deux sont en curatelle ; et, malgré le silence du Code civil, la jurisprudence accorde au mineur un droit de recours. Dans le silence de la loi du 4 mars, il est logique d'admettre la même solution : *ubi eadem ratio, ibi idem jus esse debet.*

Mais à qui va s'adresser le liquidé ? Aux contrôleurs ? Assurément non. D'abord il peut ne pas y en avoir. Et, s'il y en a, leur mission est essentiellement consultative. Aux créanciers ? Nous ne le croyons pas. L'assemblée des créanciers représente bien ici le conseil de famille, qui doit être saisi de l'affaire en pareil cas par le mineur : mais il est toujours long de convoquer cette assemblée ; et, en créant la liquidation, les législateurs ont cherché avant tout à diminuer les lenteurs de la procédure.

Il nous paraît plus simple de faire intervenir ici le juge-commissaire. Le liquidateur lui semble-t-il avoir raison, il refuse de soumettre l'affaire au Tribunal, et le

---

[1] *Journal officiel* du 8 février 1889, Chambre des députés, Débats parlementaires, page 541.

débiteur en est quitte pour ne pas agir. Considère-t-il au contraire comme inopportune la résistance du curateur, il fait un rapport. Et le Tribunal, s'il partage son avis, donne l'ordre au liquidateur d'assister le liquidé, et peut même, en cas de persistance de sa part, procéder à son remplacement ou à la nomination d'un liquidateur *ad hoc*.

La loi nouvelle laisse bien d'autres questions sans réponse. M. Demôle, pour combattre l'amendement Léon Renault relatif à la nomination de plusieurs liquidateurs, insistait sur les nombreux conflits qui en seraient la conséquence. Il ne se trompait pas. Les différents articles de la loi de 1889, qui traitent des fonctions des liquidateurs, supposent qu'ils agissent collectivement. C'est cette assistance collective qui est la source de toutes les difficultés. Qu'arrivera-t-il en effet si, tandis que l'un approuve tel ou tel acte que veut accomplir le débiteur, l'autre y est absolument contraire? Suivant nous il faudra encore recourir au juge-commissaire. Celui-ci fera un rapport, saisira le Tribunal de la difficulté, et le Tribunal pourra autoriser le liquidateur qui partage le sentiment du liquidé à assister ce dernier.

La question inverse peut également se poser. Le débiteur tient à rester dans l'inaction, l'un des liquidateurs l'approuve. L'autre pourra-t-il se substituer au liquidé en remplissant les formalités exigées par la loi, c'est-à-dire en demandant soit l'autorisation du juge-commissaire, soit l'avis des contrôleurs? Nous n'hésitons pas à lui refuser absolument ce droit. L'initiative n'a été accordée qu'à titre exceptionnel aux curateurs. Elle ne leur a été accordée que quand il s'agit d'actes « pour lesquels l'appréciation est en quelque sorte dominée par la matérialité du fait [1] ». Admettre l'initiative d'un seul, ce serait donc méconnaître à la fois l'esprit et le texte de la loi : l'esprit, car la question est susceptible d'appréciations diverses ; le texte, car l'article 6 dit *les liquidateurs*, et il ne faut pas oublier la vieille règle : *Exceptio est strictissimæ interpretationis.*

Pour empêcher tous ces conflits de se produire, les Tribunaux devront autant que possible éviter la nomination de plusieurs liquidateurs. Se rappelant les paroles de M. Léon Renault [2], ils n'y auront recours que s'il s'agit d'une société ou d'un industriel ayant des établissements nombreux, situés dans des régions différentes. Et alors le juge-commissaire, en vertu de l'article 465 du Code de commerce [3], pourra séparer absolument leurs attributions : chacun devra assister le débiteur pour une catégorie déterminée d'actes, et ne devra pas être consulté pour les autres.

III. — « Comme surveillant des intérêts des créanciers, » lisons-nous dans le rapport de M. Laroze, « les liquidateurs sont tenus de faire tous les actes conservatoires prescrits aujourd'hui aux syndics [4]. »

a) — Si à l'égard du liquidé leur mission est une mission de surveillance, vis-à-vis des créanciers ils ont

---

[1] *Journal officiel*, Sénat, Documents parlementaires de 1889, annexe, n° 46.

[2] Voir *Journal officiel* du 25 janvier 1889, Sénat, Débats parlementaires, page 11.

[3] Cet article déclare que le juge-commissaire peut donner à un ou plusieurs syndics des autorisations spéciales à l'effet de faire séparément certains actes d'administration. Il nous semble applicable ici en vertu de l'article 24 de la loi nouvelle.

[4] *Journal officiel*, Chambre des députés, Documents parlementaires de novembre 1887, page 876.

au contraire un rôle actif à remplir. Ils arrêtent et signent dans les vingt-quatre heures de leur nomination les livres du débiteur; ils procèdent aussi à l'inventaire (art. 4, 1er al.). Cette dernière formalité a été réclamée par la Commission sénatoriale à qui elle semblait nécessaire pour la conservation des droits de tous.

Quant à l'apposition des scellés, la loi nouvelle n'en parle pas, et nous ne devons pas suppléer à son silence en appliquant ici l'article 455 du Code de commerce. Autant cette mesure se justifiait avec le dessaisissement, conséquence du jugement déclaratif de faillite, autant elle serait contraire au régime de la liquidation, qui tend à conserver le crédit du commerçant. Nous ajouterons qu'elle serait inutile.

La faillite peut être prononcée sur la demande d'un créancier ou d'office par le Tribunal : elle peut en un mot surprendre celui qu'elle va atteindre. L'apposition immédiate des scellés aura souvent pour résultat d'éviter de graves détournements. La liquidation judiciaire au contraire ne doit être accordée que sur la requête du débiteur. Or, si ce débiteur veut soustraire à ses créanciers une partie de son actif, il ne manquera pas de le faire avant de s'adresser à la justice. L'apposition des scellés ne serait qu'une mesure vexatoire pour le liquidé que l'on suppose honnête, et ne procurerait aucun avantage à la masse. Aussi nous ne saurions approuver certains Tribunaux de commerce, et notamment celui de Niort, qui, n'établissant à cet égard aucune différence entre la liquidation judiciaire et la faillite, considèrent l'apposition des scellés comme toujours obligatoire.

Ce sont encore les liquidateurs qui prennent, conformément à l'article 490 du Code de commerce, inscription d'hypothèque sur les biens du liquidé, et sur ceux de ses débiteurs (art. 4, 1er al.), reçoivent les titres des créanciers, procèdent à la vérification ou à l'affirmation des créances (art. 12, 2me al.).

b) — Toutes ces fonctions sont absolument identiques à celles des syndics. Mais le rôle des syndics ne s'arrête pas là. Représentant à la fois le failli et la masse, ils ont le droit d'intenter au nom de cette masse toutes les actions nécessitées par l'intérêt commun ; ils ont le droit de faire rapporter à cette masse tout ce qui lui appartient d'après les règles de la plus stricte équité, et tout ce qui a été enlevé par des actes frauduleux ou tout au moins suspects.

Ces pouvoirs des syndics ont-ils été confiés par la loi nouvelle aux liquidateurs judiciaires ? Telle est la grave question que nous devons maintenant nous poser. M. Rataud, professeur à la Faculté de droit de Paris, la résout affirmativement. Et il faut bien reconnaître que cette solution se recommande à nous par de puissantes considérations. C'est pour assurer l'unité de direction que la loi de 1838 a concentré toutes les actions entre les mains du syndic ; or cette unité de direction est également indispensable avec la loi nouvelle.

Il existe en outre une masse de créanciers aussi bien en cas de liquidation judiciaire qu'en cas de faillite. Il suffit de lire le texte de la loi pour s'en convaincre. L'article 8 arrête, *à l'égard de la masse seulement*, le cours de toute créance non garantie par un privilège, un nantissement ou une hypothèque. Et comment comprendre autrement l'article 19 qui ordonne au Tribunal de convertir la liquidation judiciaire en faillite si le débiteur a payé l'un de ses créanciers au détriment des autres, c'est-à-dire au détriment de la masse. Or, n'est-il pas irrationnel d'admettre l'existence d'une masse et de ne charger personne de la représenter ?

Nous reconnaissons bien qu'au point de vue logique la solution de M. Rataud s'impose ; mais le législateur a souvent, hélas! suivi une autre voie que celle de la raison. On ne peut méconnaître l'existence d'une disposition législative formelle, sous le seul prétexte que cette disposition produira fatalement de funestes conséquences.

M. Laroze a déclaré formellement que les liquidateurs ne représentent pas la masse. Et l'étude de la loi prouve, à notre avis du moins, d'une manière irréfutable que cette opinion a reçu une consécration législative.

Sans doute l'unité d'action serait à désirer, mais cette unité d'action n'a-t-elle pas complètement disparu? Avec le nouveau régime, aucun acte même conservatoire ne peut être accompli sans le concours de deux personnes, le liquidé qui a l'initiative, le curateur qui a la surveillance.

Et comment admettre comme représentant de la masse celui qui doit se borner à donner son assentiment? Certes, si le texte voté par la Chambre le 19 janvier avait été ratifié par le Sénat, nous partagerions l'avis de M. Rataud ; mais le Sénat n'a pas voulu modifier l'économie de la loi : il a maintenu du moins en principe l'idée mère de la disposition nouvelle, et nous ne pouvons nous appuyer sur une exception pour supprimer une règle. Pour le Sénat, comme pour M. Laroze, les liquidateurs ne devaient être que des agents de surveillance. Ils ne peuvent par suite représenter la masse. N'étant pas ses mandataires légaux, ils n'ont, en dehors des fonctions qui leur ont été nommément dévolues par la loi et que nous avons énumérées plus haut, aucun droit à agir dans l'intérêt commun.

Cette représentation de la masse est d'ailleurs ici moins nécessaire qu'en cas de faillite : le jugement déclaratif de liquidation judiciaire n'est pas à proprement parler, nous le prouverons en temps et lieu, précédé d'une période suspecte ; et, sans insister davantage sur la disposition de l'article 19, qui suppose possible l'annulation des actes mentionnés dans les articles 446, 447, 448 et 449 du Code de commerce, disons seulement que, quand bien même le liquidateur représenterait la masse, il ne pourrait peut-être pas attaquer des actes de cette nature.

c) — Mais le système de la loi du 4 mars n'en a pas moins des conséquences funestes. Avec la loi de 1838 tout jugement sur une contestation en matière de faillite était opposable à la masse, puisqu'elle y avait été représentée par le syndic. Au cas de liquidation judiciaire au contraire tout créancier a le droit de former tierce opposition à un jugement rendu contre le liquidé et le liquidateur. Il peut prétendre en effet que cette décision judiciaire est contraire à ses intérêts, et il se trouve dans les termes de l'article 474 du Code de procédure, puisqu'il n'a pris part aux débats ni en personne ni par mandataire.

Ayant le droit de former tierce opposition, il a *a fortiori* le droit d'intervenir, ce droit étant accordé à tous ceux qui pourraient plus tard se pourvoir par tierce opposition contre la décision rendue. C'est au reste ce que décide l'article 7 de la loi nouvelle pour les demandes en homologation de transaction. Mais on s'est justement appuyé sur ce texte pour combattre la thèse que nous avons soutenue. Si le législateur, a-t-on dit, a jugé nécessaire dans ce cas spécial le droit d'intervention, c'est qu'il le refuse dans tous les autres. Et il ne peut le refuser que parce qu'il considère que les liquidateurs représentent la masse.

Cette argumentation est contredite par le rapport même de M. Laroze. « Il est bien compris », dit cet honorable député, « que tout créancier peut intervenir dans l'instance en homologation, mais comme le liquidateur ne représente pas la masse, l'application des articles 474 et suivants du Code de procédure est de droit, et le créancier qui ne sera pas intervenu conservera la faculté d'attaquer le jugement par la voie de la tierce opposition [1]. »

Justifier ainsi l'article 7, n'est-ce pas permettre d'étendre sa disposition à toutes les décisions judiciaires ? Et n'est-ce pas en même temps donner à notre théorie une consécration législative ?

Nous sommes heureux d'ailleurs d'être à cet égard d'accord avec la Cour d'appel de Paris[2], qui dans une action en nullité de vente intentée à la requête d'un liquidé et de son curateur a admis l'intervention d'un créancier, parce que sa personnalité ne pouvait être absorbée et confondue dans celle du débiteur ou du liquidateur.

Signalons encore une autre conséquence de cette non représentation de la masse. C'est au liquidé, nous le savons, à intenter avec l'assistance de ses surveillants toutes les actions qui intéressent son patrimoine : à son défaut, les liquidateurs doivent agir. Cependant il peut

[1] *Journal officiel*, Chambre des députés, Documents parlementaires de novembre 1888, page 888.
[2] Septième Chambre, 12 juillet 1889, *Gazette du Palais*, septembre 1889, page 259.

arriver que liquidateurs et liquidé restent dans l'inaction. Les créanciers pourront-ils alors agir eux-mêmes en vertu de l'article 1166 du Code civil? Ce droit leur était refusé sous la loi de 1838, et on justifiait ce refus en invoquant le dessaisissement et la représentation de la masse par les syndics. Mais avec la loi nouvelle en vertu de quels textes et par quels motifs pourrait-on admettre cette dérogation aux principes du droit civil? Pourquoi interdire à chaque créancier de prendre en main les intérêts généraux? L'exercice de l'action indirecte doit donc être permis.

IV. — Nous connaissons maintenant les liquidateurs. Il nous reste à nous demander si le législateur a été bien inspiré en les instituant. Nous sommes loin de le penser. Quel est en effet le résultat obtenu? Si nous examinons les relations du liquidé et des liquidateurs, nous voyons disparaître l'unité d'action, et naître sans cesse une série de conflits que la loi n'a même pas la plupart du temps prévus. Étudions-nous les rapports des liquidateurs et des créanciers, nous constatons à regret la non représentation de la masse, et il nous faut bien bon gré mal gré appliquer les principes du Code civil en matière d'intervention ou d'action indirecte, principes que le législateur de 1838, instruit par l'expérience, avait eu le soin d'écarter. Que l'on ne vienne donc pas prétendre que la loi nouvelle a pour but d'accélérer la procédure, quand elle ne tend qu'à multiplier les conflits, et à rendre plus longs et plus coûteux les procès.

Sans doute l'institution des syndics n'était pas de tous points parfaite, mais elle était cependant bien préférable à celle des liquidateurs. Et nous ne saurions trop engager les créanciers à investir les liquidateurs d'un mandat conventionnel. Ce mandat, dont la légalité ne saurait être mise en doute, s'il ne faisait pas disparaître les inconvénients de la curatelle, assurerait du moins la représentation de la masse. Et il ne pourrait plus être question soit d'intervention, soit d'action indirecte.

SECTION III

DES FORMALITÉS NÉCESSAIRES POUR LA VALIDITÉ DES ACTES A ACCOMPLIR PAR LE DÉBITEUR

Pour avoir une idée complète de l'état d'incapacité du débiteur, il ne nous reste plus qu'à examiner tour à tour chacun des actes pour lesquels a été instituée la curatelle, et à étudier en détail les formalités exigées par la loi pour leur validité.

Ces actes peuvent être rangés en trois catégories :

Pour les uns il suffit de l'assistance des liquidateurs.

Pour d'autres il faut en outre l'autorisation du juge-commissaire.

Pour d'autres enfin les contrôleurs doivent être consultés.

Examinons d'abord ceux de la première catégorie.

§ 1. — Actes pour lesquels l'assistance des liquidateurs est suffisante

Sommaire : Recouvrement des effets et créances exigibles. — II. Actes conservatoires. — III. Vente des objets sujets à dépérissement, à dépréciation imminente ou dispendieux à conserver. — IV. Actions à intenter ou à suivre avant la première réunion des créanciers.

I. — Le premier acte, que le débiteur doit faire avec l'assistance de son liquidateur, est le recouvrement des effets et créances exigibles. Il en résulte par un argument *a fortiori* qu'il peut sous les mêmes conditions recevoir le payement de ce qui lui est dû.

Mais devrait-on considérer comme libératoire le payement fait au débiteur seul ? Nous ne le croyons pas. Il y a lieu d'appliquer ici l'article 1241 du Code civil qui déclare que le payement fait au créancier n'est point valable s'il était incapable de le recevoir, à moins que le débiteur ne prouve que la chose payée a tourné au profit du créancier. Le liquidé est en effet incapable, puisqu'il doit être assisté. Et ce que nous avons dit du but de la curatelle, à laquelle il est soumis, justifie bien cette disposition légale : on a craint qu'il ne dissipât les fonds reçus au préjudice de la masse des créanciers. Que le débiteur prouve que le payement fait par lui a profité à la masse et il sera valablement libéré.

Il n'y a pas du reste à ce point de vue une distinction à faire entre une créance ordinaire, une lettre de change ou un billet à ordre.

Le Sénat a ajouté à l'article 6 un dernier paragraphe dans lequel il est dit que les fonds provenant des recouvrements et ventes seront remis aux liquidateurs qui les verseront à la caisse des dépôts et consignations. Malgré le silence de la loi, il faut donner la même solution pour les deniers que les liquidateurs trouveront dans la caisse du débiteur en faisant l'inventaire.

Les principes admis en matière de faillite doivent du reste recevoir ici leur application. Il en résulte :

1° Que l'argent nécessaire pour les dépenses et frais peut, après avoir été arbitré par le juge-commissaire, être prélevé sur les fonds à déposer (art 489 C., co.). Parmi ces dépenses figurent les sommes indispensables à l'entretien et à la nourriture du liquidé et de sa famille. Le liquidé, à la différence du failli, est pour ainsi dire un agent de la liquidation et en outre il n'est pas dessaisi. Il ne doit donc pas être privé de ses moyens d'existence.

2° Que dans les trois jours des recettes il doit être justifié au juge-commissaire des versements faits à la caisse des consignations. En cas de retard les liquidateurs doivent les intérêts des sommes qu'ils n'ont pas versées. Ces intérêts moratoires courent de plein droit et sont d'après le taux légal de 5 0/0, bien que la caisse des consignations ne donne que 3 0/0.

Mais le dépôt n'est pas une condition de validité des payements : les tiers n'ont point à cet égard de surveillance à exercer. Et un conservateur d'hypothèques ne pourrait pas plus sous la loi nouvelle que sous la loi ancienne exiger la présentation du certificat de dépôt pour opérer la radiation d'une inscription.

II. — C'est encore l'assistance du liquidateur qui est exigée pour tous actes conservatoires (art. 6). Il faut entendre par là les inscriptions d'hypothèques, les pro-

ductions à un ordre ouvert, les interruptions de prescriptions, les acceptations de congés, les locations pour
les termes d'usage, les baux faits sans écrit, et en général tous les actes qui tendent à la sauvegarde de droits
existants.

C'est encore une de ces dispositions qui se ressentent
de la précipitation avec laquelle a été votée la réforme
des faillites. Que l'on exige l'assistance du liquidateur
pour les acceptations de congés ou les baux, rien de plus
juste. Mais pourquoi déroger aux règles du Code civil
qui a toujours autorisé les incapables soit à prendre seuls
une inscription, soit à interrompre seuls une prescription. Ces actes ne peuvent jamais compromettre le patrimoine, et la nécessité de l'assistance peut souvent être
préjudiciable à la masse. Une prescription va s'accomplir, une inscription va être périmée. Le débiteur s'en
aperçoit; son liquidateur est absent. Il est bien obligé de
rester dans l'inaction, et cependant cette inaction va
compromettre gravement les intérêts de ses créanciers.
Sous l'empire de la loi de 1838, jurisconsultes et magistrats n'hésitaient pas à accorder au failli, malgré le dessaisissement le droit de prendre ces mesures conservatoires ; sous l'empire de la loi nouvelle, ils devront le
refuser au liquidé, quoiqu'il ne soit pas dessaisi : car
ils se trouveront en présence d'un texte formel.

III. — Le liquidé, assisté du liquidateur, peut aussi
vendre les objets sujets à dépérissement, à dépréciation
imminente ou dispendieux à conserver. La loi de 1838
attribuait les mêmes pouvoirs aux syndics, mais elle
exigeait l'autorisation du juge-commissaire. La nécessité de cette autorisation avait été maintenue dans le

projet Laroze : elle figurait encore dans le texte voté par le Sénat le 14 janvier 1889. Mais l'article 6 devait, nous l'avons vu, subir de nombreux changements. C'est dans l'une de ces transformations et sans doute par suite d'une erreur qu'a disparu l'intervention du juge-commissaire. En présence du texte définitif on ne peut donc l'exiger ni pour la validité de la vente, ni même pour l'indication de l'officier public qui doit y procéder. C'est au liquidé d'en choisir un parmi ceux qui sont compétents à cet égard.

IV. — Le projet voté par la Chambre ne parlait pas des instances engagées ou à engager au moment du jugement déclaratif de liquidation judiciaire. La Commission du Sénat a heureusement introduit à cet égard une modification au texte primitif, et a permis au liquidé, avec l'assistance du liquidateur, d'intenter ou suivre jusqu'à la première réunion de créanciers toute action mobilière ou immobilière (art. 6).

§ 2. — ACTES POUR LESQUELS EST NÉCESSAIRE L'ASSISTANCE DES LIQUIDATEURS ET L'AUTORISATION DU JUGE-COMMISSAIRE

(Continuation du Commerce)

Le débiteur, dit encore l'article 6, *peut, avec l'assistance des liquidateurs et l'autorisation du juge-commissaire, continuer l'exploitation de son commerce ou de son industrie.*

La continuation du commerce du liquidé, voilà le but principal poursuivi par la loi nouvelle. Elle veut faciliter au commerçant malheureux l'obtention d'un concordat : elle veut le rétablir à la tête de ses affaires, et la cessation du commerce, même pendant quelques jours, rendrait ce désir irréalisable.

Mais il s'agit là d'un acte très grave qui peut parfois avoir des conséquences désastreuses. Si le négoce est mauvais, le continuer serait augmenter la ruine. On ne pouvait laisser le commerçant seul juge de l'opportunité de cette mesure. Les gens honnêtes et malheureux sont toujours portés à l'illusion, et ils espèrent contre toute espérance. L'intervention du juge-commissaire s'imposait : la loi a eu raison d'exiger son autorisation préalable.

Son ordonnance est du reste exécutoire par provision et peut être déférée par toute partie intéressée au Tribunal de commerce.

La loi aurait dû seulement entrer dans de plus longs détails et prévoir les controverses que ne manquerait pas de faire naître son texte obscur et contradictoire.

La vie commerciale suppose forcément des achats, des ventes, des emprunts. Or l'article 5 interdit au débiteur de contracter de nouvelles dettes, et ne lui permet d'aliéner que les objets sujets à dépérissement. Comment continuer l'exploitation du fonds de commerce dans de semblables conditions. C'est évidemment chose impossible, et telle n'a pu être l'intention du législateur, étant donné le but qu'il poursuivait. Les prohibitions de l'article 5 n'ont été établies qu'en vue de l'hypothèse où le débiteur n'est pas maintenu dans ses affaires : il n'y a alors aucune bonne raison pour permettre une diminution du patrimoine : il faut au contraire le conserver intact dans l'intérêt de la masse. Dans le cas qui nous occupe la situation est tout autre : il s'agit d'augmenter ce patrimoine, et les opérations du négoce, c'est-à-dire les achats et les ventes, peuvent seules permettre d'obtenir ce résultat.

Le législateur de 1889 n'a fait d'ailleurs que reproduire, en l'adaptant aux principes nouveaux, la disposition de la loi de 1838 qui donnait le même pouvoir aux syndics. Et, sous l'empire de cette loi, personne n'a contesté à ces derniers le droit de faire des achats, des ventes ou des emprunts.

Nous déciderons aussi, comme sous la loi de 1838, qu'il suffit d'une autorisation générale du juge-commissaire, et qu'il n'est pas nécessaire d'avoir recours à lui pour toute opération nouvelle. Suffit-il également d'un contrôle sérieux du liquidateur, ou faut-il son assistance pour tous les actes sans exception ? M. Defrénois [1] estime que c'est assez d'une surveillance générale. Nous devons reconnaître que de puissantes considérations militent en faveur de cette théorie. Exiger l'assistance du liquidateur pour tous les actes de commerce, même pour les moins importants, c'est à notre avis rendre sinon impossible du moins très difficile la gestion commerciale.

Mais nous savons que les solutions pratiques ne sont pas celles qui ont été adoptées par le législateur du 4 mars, et là encore il nous faut dire : *dura lex sed lex*. L'assistance du liquidateur est nécessaire même pour les actes conservatoires ; comment donc ne pas l'exiger pour les achats et ventes journalières, puisque la loi ne contient aucune exception à cet égard ?

Que l'on ne vienne pas nous dire que la situation du

---

[1] *Jurisprudence et pratique notariales*, page 260.

liquidé est analogue à celle du mineur émancipé, et que l'on doit appliquer ici par analogie l'article 2 du Code de commerce. Cet article se contente pour le mineur d'une autorisation préalable. Mais le mineur autorisé à faire le commerce montre des aptitudes spéciales, il semble appelé à réussir. C'est justement en raison de ces aptitudes que la loi, après avoir pris l'avis de ceux qui le connaissent et s'intéressent à lui, l'assimile à un majeur pour tous les actes du négoce. Le liquidé au contraire est généralement un imprudent. Si on le laisse à la tête de ses affaires, c'est pour diminuer les ruines qu'il a amoncelées autour de lui. Il a besoin d'une surveillance plus grande, et l'article 2 du Code de commerce ne peut infirmer le texte précis de l'article 6 de la loi du 4 mars.

M. Goirand lui-même, dont la théorie se rapproche beaucoup de la nôtre, M. Goirand, si enthousiaste pourtant de la loi nouvelle, reconnaît que sur ce point la Commission a fait fausse route, et, sans s'en apercevoir, s'est écartée de sa conception première.

Quelle sera la situation des créanciers nouveaux du liquidé laissé à la tête de ses affaires ? Ont-ils observé les prescriptions légales, c'est-à-dire ont-ils exigé l'assistance du liquidateur, et se sont-ils assurés que l'ordonnance du juge-commissaire renfermait les autorisations nécessaires, ils devront être préférés à la masse, et payés avant elle, même sur les biens actuels du débiteur ; ils ne sont pas en effet des créanciers faisant partie de la masse, mais des créanciers de la masse, ce qui est bien différent. Les biens existant actuellement échappent au contraire à leur action, s'ils ne se sont pas soumis aux prescriptions légales. L'obligation contractée à leur profit n'est pas nulle ; mais ils ne peuvent poursuivre leur payement que sur les biens futurs du débiteur. Et c'est là un gage bien incertain pour ne pas dire illusoire.

§ 3. — ACTES POUR LESQUELS DOIVENT ÊTRE CONSULTÉS LES CONTROLEURS

SOMMAIRE : I. Actions à intenter ou à suivre après la première réunion de créanciers. — II. Désistement. — III. Renonciation. — IV. Acquiescement. — V. Notification au propriétaire-bailleur. — VI. Transaction.

Nous ne reviendrons pas ici sur le caractère non obligatoire de l'avis des contrôleurs. Nous dirons seulement que cet avis ne peut être exigé que pour des actes qui supposent en outre l'autorisation préalable du juge-commissaire.

I. — Il est cependant une exception à cette règle pour les actions mobilières ou immobilières qui doivent être intentées ou suivies par le liquidé. Pour ces actions l'assistance du liquidateur est, nous l'avons vu, suffisante jusqu'à la nomination des contrôleurs. Une fois cette nomination faite, ceux-ci doivent être consultés (art. 10), mais il n'est jamais besoin d'une ordonnance. Cette exception se justifie d'elle-même quand on songe au rapport de M. Demôle. Il a paru irrationnel au Sénat de permettre à un juge d'autoriser l'introduction d'un procès. Dans tous les autres cas au contraire, à côté de l'avis des contrôleurs, nous trouvons l'intervention du juge.

II. — Il en est ainsi pour tous actes de désistement (art. 7). Le désistement peut s'appliquer soit à un droit,

soit à une instance engagée. L'article 7 vise évidemment
la renonciation à un droit, ou, ce qui est la même chose,
la renonciation à une action, puisque l'action n'est qu'un
droit d'une nature spéciale. Nous n'avons du reste ici
en vue que les droits purement pécuniaires ; le liquidé
reste, nous le savons, maître absolu de ses droits
moraux, et peut en disposer comme bon lui semble.

Le désistement de l'instance ne présente pas sans
doute la même gravité. Il n'équivaut pas toujours à une
aliénation, et n'a pas par suite pour effet nécessaire la
diminution de l'actif du débiteur. Il peut cependant produire des conséquences importantes. Non seulement il
anéantit une procédure en cours et expose les créanciers
aux frais d'une nouvelle instance, mais il peut encore
entraîner la perte du droit lui-même. Se désister par
exemple après les délais d'appel, n'est-ce pas acquiescer
au jugement de première instance ? Et n'est-ce pas une
véritable aliénation qu'une renonciation consentie au
moment où l'instance seule a empêché la prescrition du
droit de s'accomplir ? L'article 7 est donc toujours applicable. Son texte est du reste formel, puisqu'il nous parle
de tous actes de désistement.

Nous n'admettrions qu'une exception pour l'abandon
d'un acte isolé de procédure. Les motifs qui ont inspiré
le législateur ne subsistent plus dans ce cas spécial, et la
solution contraire entraverait la marche des procès.

III. — Après avoir parlé de tous actes de désistement,
la loi dit : *et de renonciation.* C'est un mot très général,
et qui doit s'entendre de tout acte pouvant diminuer le
patrimoine. Citons comme exemples les renonciations à
succession, à legs, à donation, à prescription, les renon-

ciations en matière de compétence ou en matière de preuve.

IV. — L'article 7 ajoute encore : *et d'acquiescement.* Rien de plus logique. L'acquiescement n'est qu'une renonciation indirecte, celui qui acquiesce se rendant impossible l'exercice de toute voie de recours.

V. — L'avis des contrôleurs doit être aussi demandé pour la notification à faire au propriétaire-bailleur aux termes de l'article 450 du Code de commerce. Nous reviendrons sur cette formalité en traitant de la suspension des poursuites individuelles.

VI. — La loi de 1838, modifiant à cet égard le Code de 1807, permettait aux syndics de transiger, bien qu'ils ne fussent que des administrateurs de la fortune d'autrui. Mais elle subordonnait cette permission à un certain nombre de formalités [1]. Elle exigeait d'abord la mise en cause du failli. Le failli pouvait s'opposer à l'homologation, et, si cette opposition n'était pas un obstacle absolu en matière mobilière, elle en était un du moins en matière immobilière. L'autorisation du juge-commissaire était indispensable ; il fallait même l'homologation de justice, lorsque l'objet de la transaction excédait trois cents francs ou était d'une valeur indéterminée. La loi distinguait enfin au point de vue de la compétence les transactions relatives à des droits mobiliers et celles relatives à des droits immobiliers. Les

---

[1] Nous parlons ici du cas prévu par l'article 487 du Code de commerce, c'est-à-dire de la période préparatoire, la seule qui puisse être comparée à la liquidation judiciaire.

premières devaient être soumises au Tribunal de commerce, les secondes au Tribunal civil.

Tout autres sont avec la loi nouvelle les conditions de validité des transactions. Il ne peut plus d'abord être question de mise en cause du liquidé, puisque c'est lui-même qui agit. Il faut en revanche l'avis des contrôleurs. Le projet primitif ne parlait point de cette formalité. Mais la Commission accepta lors de la discussion à la Chambre un amendement en ce sens de M. De la Batie. Comme le faisait remarquer cet honorable député : « Une transaction est une opération bien autrement grave qu'une action judiciaire à intenter ou à suivre. L'action judiciaire en effet se déroule sous le contrôle de la justice, elle se discute au grand jour ; les tiers peuvent intervenir pour y faire valoir leurs droits, surveiller, contester. Au contraire la transaction se passe dans le secret du cabinet : elle affecte les droits les plus considérables, et pourrait avoir pour conséquence, à l'insu de tous les intéressés, des aliénations très préjudiciables à la masse [1]. » Exigeant l'avis des contrôleurs pour les actions, il fallait *a fortiori* l'exiger pour les transactions.

Quant au juge-commissaire, ses pouvoirs ont été étendus par la loi du 4 mars. L'homologation du Tribunal n'est plus nécessaire que pour tout litige dont l'objet est indéterminé ou excède quinze cents francs. C'est dans un intérêt de célérité que la Commission de la Chambre a introduit cette modification. Le chiffre de quinze cents francs lui a du reste paru plus en rapport que celui de trois cents avec la valeur actuelle de l'argent.

Il faut, sous la loi nouvelle comme sous la loi

[1] *Journal officiel*, 19 octobre 1888, Chambre des députés, Débats parlementaires, page 2219.

ancienne, entendre par objet de la transaction non pas les sacrifices faits de part et d'autre, mais bien la chose sur laquelle on transige, c'est-à-dire le droit litigieux. C'est ce qui résulte du paragraphe 3 de l'article 7 introduit dans la loi par la Commission sénatoriale. *L'article 1 de la loi du 11 avril 1838, y lisons-nous, est applicable à la détermination de la valeur des immeubles sur lesquels a porté la transaction* [1].

La Chambre avait modifié à un autre égard la loi de 1838 : elle attribuait compétence exclusive au Tribunal de commerce pour l'homologation. La Commission de 1882 avait déjà admis cette solution sous prétexte que le Tribunal ne devait se préoccuper que des résultats de la transaction pour savoir si elle était ou non nuisible à la masse. Il n'y avait là pour M. Laroze qu'une question de fait pouvant être résolue par les juges consulaires, sans qu'il fût besoin de connaissances juridiques spéciales.

Mais M. Demôle fit comprendre au Sénat que, quand il s'agissait de droits immobiliers, on ne pouvait s'en rapporter aux Tribunaux de commerce, sans transgresser les principes fondamentaux de notre droit et sans mettre de côté toute garantie des intérêts engagés [2]. Et le Sénat modifia le texte voté par la Chambre, se bornant à faire un renvoi à l'article 487 du Code de commerce (art. 7, § 2). Cet article décide que l'homologation doit être demandée aux Tribunaux civils, s'il s'agit de droits immobiliers, et aux Tribunaux de commerce, s'il s'agit de droits mobi-

---

[1] Cet article évalue à quinze cents francs les immeubles dont le revenu est de soixante francs, déterminé soit en rente, soit par prix de bail.

[2] Voir *Journal officiel*, rapport de M. Demôle, Sénat, Documents parlementaires d'avril 1889, page 385.

liers. Jurisconsultes et magistrats ont du reste reconnu depuis longtemps que l'une et l'autre de ces solutions comportent de nombreuses exceptions. Le législateur de 1838 a cru que, par le seul fait qu'elle serait relative à des droits mobiliers, la transaction porterait sur des matières de commerce et *vice versa*, en ce qui concerne les droits immobiliers. C'est une erreur. Aussi la jurisprudence n'a jamais hésité, et n'hésitera jamais encore, nous l'espérons du moins, à sacrifier le texte de la loi à son esprit. Elle considérera dans l'avenir, comme elle l'a fait dans le passé, que toutes les fois que la transaction porte sur un legs mobilier dévolu au failli la question est une question civile, et que toute transaction même immobilière doit être homologuée par les juges consulaires, s'il s'agit d'un acte exclusivement commercial.

A la transaction doit être assimilé tout acte impliquant transaction, et notamment le serment décisoire qui n'est qu'une offre de transaction et suppose par suite chez celui qui le défère le pouvoir de transiger.

Mais il ne faut pas confondre avec elle le compromis, par lequel on s'en remet à des arbitres pour juger un différend. Le compromis était interdit aux syndics. Il ne peut être permis au débiteur dans le silence de la loi ; car il n'est qu'une aliénation déguisée. Et l'aliénation comme l'emprunt sont rendus impossibles, nous le savons, sous l'empire de la loi nouvelle sauf dans les cas énumérés par le législateur.

Tels sont les seuls actes pour lesquels le liquidé est soumis à des formalités spéciales. Si ces formalités ne sont pas observées, l'acte est bien valable, mais il n'est pas opposable à la masse.

CHAPITRE II

DE LA SUSPENSION DES POURSUITES INDIVIDUELLES

SECTION PREMIÈRE

HISTORIQUE DE LA QUESTION

Le jugement déclaratif de faillite avait pour conséquence de l'avis de tous de suspendre les poursuites individuelles des créanciers chirographaires. Cette règle de la loi de 1838 devait-elle être appliquée sous l'empire de la loi de 1889? La question s'était souvent posée depuis un an, et elle avait reçu les solutions les plus contradictoires. Aujourd'hui la jurisprudence n'aura plus à la trancher : car une loi toute récente vient de mettre un terme à la controverse. Pour mieux permettre d'apprécier cette œuvre de la dernière heure, nous croyons cependant utile de rappeler en quelques pages les décisions rendues et les arguments invoqués depuis un an par l'un et l'autre système.

§ 1. — EXAMEN DES DIFFÉRENTES SOLUTIONS ADMISES SOUS L'EMPIRE DE LA LOI DU 4 MARS 1889

Sommaire : I. Exposé du système de la continuation des poursuites. — II. Exposé du système de la suspension des poursuites.

I. — Le Tribunal civil de Saint-Quentin [1] s'était prononcé dès le 12 avril 1889 pour la continuation des

---

[1] *Gazette du Palais*, 1889, I, page 652.

poursuites. Il avait été suivi dans cette voie par la Cour d'appel de Rennes[1] (11 juin 1889), et la septième Chambre de la Cour d'appel de Paris [2] (14 mai 1889), malgré les conclusions remaquables de M. l'avocat général Jacomy.

Ce premier système pouvait se formuler ainsi : à partir du jugement déclaratif de liquidation judiciaire, les créanciers même non pourvus de gage ou d'hypothèque peuvent agir individuellement contre leur débiteur à la seule condition d'assigner en même temps le liquidateur. Ils ne peuvent pas cependant prendre une inscription judiciaire ou poursuivre l'expropriation des immeubles sur lesquels ils n'ont pas d'hypothèque.

La septième Chambre de la Cour d'appel de Paris invoquait d'abord les travaux préparatoires : la Commission de 1882 avait proposé d'insérer dans l'article 441 du Code de commerce alors amendé, qu'il ne pourrait être dirigé aucune poursuite contre le débiteur. Dans son rapport, M. Laroze s'est élevé contre cette théorie : « On se trouve ici, » dit-il, « en présence du droit des tiers auquel il ne saurait être porté atteinte ; et il était nécessaire, le débiteur n'ayant pas comme sous la loi de 1838 de représentant légal en la personne du liquidateur, d'autoriser l'action à la fois contre ce dernier et contre le débiteur. La mission du liquidateur, qui est le surveillant autorisé des actes du débiteur, comporte évidemment l'assistance au procès dirigé contre ce dernier, comme à celui qu'il serait utile d'introduire dans l'intérêt du débiteur ou des créanciers [3]. »

---

[1] *Gazette du Palais*, 1889, II, page 31.
[2] *Gazette du Palais*, 1889, I, page 778.
[3] *Journal officiel*, Chambre des députés, Documents parlementaires de novembre 1887, page 883.

Et, ajoutait le Tribunal de Saint-Quentin, ces paroles de M. Laroze ont reçu une consécration législative, puisque nous lisons dans l'article 5 que : *les voies d'exécution tant sur les meubles que sur les immeubles doivent être intentées ou suivies à la fois contre les liquidateurs et le débiteur.*

Pour suspendre les poursuites individuelles, déclarait encore la Cour de Paris, il faudrait un texte formel. On ne peut sans cela appliquer une mesure aussi grave, admettre une pareille atteinte aux droits fondamentaux de tous les créanciers. Or l'article 5 n'apporte d'autre restriction au droit de poursuite des chirographaires que l'interdiction de prendre des inscriptions hypothécaires ou de poursuivre l'expropriation des immeubles sur lesquels ils n'ont pas d'hypothèque. Sous cette réserve leur droit reste donc intact.

Sans doute, en matière de faillite, la suspension est de droit, mais elle est alors une conséquence du dessaisissement. Or le dessaisissement n'existe plus avec la loi nouvelle. Les démarches personnelles du débiteur ont paru nécessaires pour arriver à un résultat prompt et efficace : et on a voulu, a dit M. Laroze, créer une différence visible pour tous entre l'état de liquidation judiciaire et celui de faillite.

Rappelons enfin un dernier argument qui a été soutenu d'une manière fort éloquente devant la septième Chambre de la Cour d'appel de Paris. On a prétendu qu'il n'y avait pas d'inconvénients pour les créanciers à permettre la continuation des poursuites, puisque les fonds à provenir des ventes et recouvrements devaient être versés à la caisse des dépôts et consignations. De nombreux abus, a-t-on dit, ne manqueraient pas au con-

14

traire de se produire si ces poursuites étaient suspendues. Le jugement ordonnant la liquidation judiciaire n'est susceptible d'aucun recours. Les créanciers ne peuvent l'attaquer. Et, s'ils assignent le débiteur en faillite, le Tribunal ne manquera pas de leur répondre : · vous êtes sans intérêt, puisqu'il y a liquidation judiciaire. Un débiteur malhonnête, mais habile, qui aura épuisé tous les expédients des commerçants aux abois, mais qui aura su dissimuler toutes ses fraudes, restera donc impuni.

II.— Quelque nombreuses que fussent les raisons invoquées par les partisans du système que nous venons d'exposer, elles ne nous avaient jamais paru convaincantes, et nous avions toujours pensé que la loi de 1889 avait maintenu le régime de 1838, c'est-à-dire la suspension des poursuites individuelles.

Telle était du reste la solution admise par deux ordonnances, l'une du président du Tribunal civil de Marseille [1] (10 avril 1889), l'autre du président du Tribunal civil de Lyon [2] (7 juin 1889), deux jugements, l'un du Tribunal civil de la Seine [3] (14 mai 1889), l'autre du Tribunal civil de Château-Thierry [4] (6 juin 1889), et enfin par un arrêt de la première Chambre de la Cour d'appel de Paris [5] (18 juin 1889).

Invoquer les travaux préparatoires, disions-nous, c'est commettre une erreur historique. La Commission de

---

[1] *Gazette du Palais*, 1889, I, page 714.
[2] *Gazette du Palais*, 1889, II, page 71.
[3] *Gazette du Palais*, 1889, I, page 779.
[4] *Gazette du Palais*, 1889, II, page 69.
[5] *Gazette du Palais*, 1889, II, page 219.

1882 avait été plus radicale que le législateur de 1838. Elle avait interdit même les poursuites des gagistes ou des hypothécaires. C'est contre cette réforme que s'est élevé M. Laroze. Il l'a combattue, non pas pour modifier, mais pour maintenir le système de l'article 443 du Code de commerce.

L'article 5, 1er al., n'est en effet, ajoutions-nous, que la reproduction accommodée à la situation nouvelle des dispositions de cet article. Pourquoi donc lui donner une autre interprétation que celle universellement admise pour l'article 443 ? Il est sous la loi de 1889 comme sous la loi de 1838 des cas où les poursuites individuelles restent possibles. Et ces actions mobilières, ces voies d'exécution dont nous parle le législateur, ce sont les poursuites des créanciers gagistes ou le droit de saisie du propriétaire-bailleur. Quant aux actions immobilières, l'article 5 lui-même nomme les actions hypothécaires.

Et, quand on nous objectait qu'il n'y avait pas dans la loi du 4 mars de texte autorisant les poursuites, nous répondions : Où est donc dans le Code de commerce ce texte formel qui suspend l'exercice des actions individuelles ? On le chercherait en vain : il n'existe pas, il ne peut pas exister : car le législateur n'avait pas à insérer dans la loi un article spécial pour défendre des voies d'exécution ou des poursuites inconciliables avec les dispositions qu'il édictait. Et ces dispositions inconciliables de la loi de 1838 subsistent toutes avec la loi du 4 mars.

Elle n'abolit ni l'article 527, 2e al., ni l'article 539 qui déclarent qu'en cas de clôture pour insuffisance d'actif ou en cas d'union les créanciers rentrent dans l'exercice de leurs actions individuelles. Or, pour rentrer dans cet exercice, il faut bien qu'il ait été suspendu. Elle laisse subsister aussi les articles 532 et 534 du Code de commerce, le premier chargeant les syndics de procéder à la liquidation, le second détaillant les actes qu'ils ont mission de faire pour cela, notamment la vente des immeubles, marchandises et effets mobiliers du failli. Or charger les syndics ou le débiteur assisté de ses curateurs de vendre les immeubles ou les marchandises, n'est-ce pas par un argument *a contrario* enlever à tout autre le droit de faire opérer ces ventes ?

Comment d'un autre côté permettre aux chirographaires de saisir les meubles quand l'article 5, 2e al. leur interdit de poursuivre les immeubles ? Comment admettre que le législateur, qui veut avant tout la continuation du commerce, laisse vendre les marchandises en magasin, ruiner le crédit du débiteur, rendre nécessaire en un mot la cessation du négoce, tandis qu'il défend formellement la vente sur saisie d'une maison de campagne ou d'un immeuble héréditaire qui ne servent en rien aux opérations commerciales ?

Qu'importe donc, ajoutions-nous, que le dessaisissement n'ait pas été maintenu avec la liquidation judiciaire ? Suspension de poursuites et dessaisissement sont bien deux effets du jugement déclaratif de faillite, mais le premier n'est pas la conséquence du second. Le dessaisissement a pour but d'empêcher la disparition du gage, la cessation de poursuites de maintenir l'égalité proportionnelle entre tous. Le législateur a pu supprimer le dessaisissement, et assurer quand même la conservation du patrimoine en entourant le liquidé d'un contrôle sérieux. Mais comment conserverait-il l'égalité, s'il permettait à chaque créancier d'agir

individuellement. Et cependant on ne peut nier que sa
préoccupation constante ait été justement d'affirmer et
d'organiser cette égalité. L'existence d'une masse de
créanciers ne saurait en effet être mise en doute,
puisque le mot se trouve dans l'article 8. Or, pourquoi
former une masse, sinon pour concentrer et identifier les
droits de tous ? Cette identification éclate partout du
reste dans la loi du 4 mars : nous la trouvons dans l'article 5, nous la retrouvons dans l'article 8, et les articles 9, 11, 12, 13, 14 en sont encore des preuves
évidentes.

La suspension de ces poursuites, disions-nous encore,
n'a point pour conséquence les abus dont on a parlé.
Si le débiteur a commis une faute quelconque, le Tribunal, en vertu de l'article 19, 2e al., 2°, non pas peut,
mais doit déclarer la faillite. Y a-t-il dans ce texte une
place, si petite soit-elle, pour l'arbitraire des magistrats?
Et peut-on sérieusement prétendre qu'il est besoin d'autoriser les poursuites individuelles pour assurer la stricte
observation de la loi ?

Les autoriser, ce serait du reste compromettre gravement le crédit commercial des Français à l'étranger.
Qu'est-ce qui permet aux négociants d'une nation de
faire des affaires avec les négociants de toutes les autres
nations, sinon la certitude d'être payés au marc le franc.
Un Américain, par exemple, pourrait-il accorder un
terme à l'un de nos commerçants, s'il savait qu'en cas
de mauvaises affaires tous les créanciers français plus
près que lui du lieu de la catastrophe et par suite mieux
informés absorberaient l'actif et ne lui laisseraient pas
même l'espoir d'un payement tardif ?

Nous rappelions enfin que la loi nouvelle avait été

créée dans l'intérêt du débiteur. La liquidation judiciaire, disions-nous, doit être une faillite atténuée. On a voulu offrir un avantage à l'honnête homme qui, au lieu de se confier aux agents d'affaires, vient aussitôt la cessation de ses payements se confier à la justice. Cet avantage est peut-être moins considérable que l'a pensé le législateur, mais il existe assurément si l'on suspend les poursuites. Permet-on au contraire de les exercer, le but poursuivi n'est plus atteint. La situation de ce commerçant que l'on suppose honnête devient intolérable. Continuer son commerce, il ne peut y songer. Les marchandises vont être en effet les premiers objets convoités, saisis, vendus par les créanciers. Tous, et ils auront raison, voudront prendre les devants pour être payés au détriment des autres. On multipliera les frais : aux porteurs de titres échus viendront se joindre les porteurs de titres non échus, le jugement de liquidation judiciaire rendant exigibles toutes les créances. Plus de gestion, puisque tout sera saisi ; plus d'espérances pour l'avenir, puisque la minorité en absorbant le gage commun aura rendu la majorité impitoyable et le concordat impossible. Et ce débiteur, qui n'a pas eu le temps de se reconnaître, qui a été traqué de toutes parts, à qui l'on n'a peut-être pas même laissé les secours que l'on avait coutume d'accorder sous la loi de 1838, ce débiteur, disions-nous, aura encore le déshonneur d'être déclaré en faillite, parce que dans un moment d'oubli bien excusable il aura payé un créancier plus impitoyable encore que les autres.

En résumé, sans être des admirateurs enthousiates de la loi du 4 mars, nous ne voulions pas croire que ses auteurs eussent admis une théorie si contraire au but poursuivi, nous le voulions d'autant moins que les textes ne

nous paraissaient pas susceptibles de deux interprétations. Nous pouvons ajouter aujourd'hui que nous avions
raison, puisqu'une loi interprétative de la loi de 1889
est venue consacrer notre système.

§ 2. — LOI MAXIME LECOMTE

SOMMAIRE : I. Vote de cette loi à la Chambre. — II. Vote de cette loi
au Sénat.

I. — Cette loi est due à l'initiative d'un député, dont
nous avons déjà eu l'occasion de parler, M. Maxime
Lecomte. Et il suffit de lire l'exposé des motifs pour
constater qu'elle est une confirmation éclatante de la
vérité de la thèse soutenue par nous.

Voici en effet en quels termes M. Maxime Lecomte
s'exprimait à la séance du 1er mars 1890 pour justifier la
demande de déclaration d'urgence : « La règle essentielle,
qui doit dominer la répartition de l'actif, est le maintien
d'une égalité absolue entre les créanciers qui ont suivi
la foi du débiteur. En matière de faillite, le principe de
l'égalité entre les créanciers est sauvegardé... Nous
pensons qu'en matière de liquidation judiciaire la suspension des poursuites individuelles ayant les mêmes
raisons doit être également appliquée. Telle a été sans
doute la pensée du législateur de 1889, mais il ne l'a
pas expressément formulée, ce qui a fait naître une controverse, à laquelle il importe de mettre d'urgence un
terme. La continuation des poursuites individuelles ôte
tout intérêt au bénéfice de liquidation judiciaire. L'égalité est rompue entre les créanciers ; et le débiteur, qui

dès le début de ses embarras était venu les confier à la justice, ne trouve pas les avantages sur lesquels il devait compter. Le jugement, qui prononce la liquidation judiciaire, au lieu de mettre fin aux poursuites et d'arrêter des frais dispendieux, donne au contraire le signal de poursuites nouvelles exercées par des créanciers qui veulent se faire attribuer une partie de l'actif au détriment de la masse, et le débiteur ne trouve plus de refuge assuré que dans la déclaration de faillite [1]. »

La Chambre n'a pas hésité à sanctionner cette théorie ; et, après avoir voté l'urgence, elle a adopté sans discussion le 8 mars. 1890 [2] le projet Maxime Lecomte.

II. — Nous appelions plus haut ce projet une loi interprétative. Telle est bien l'expression juste. « Si l'on se rend compte du but recherché par la loi du 4 mars 1889, » a déclaré en effet le rapporteur de la Commission sénatoriale, M. Demôle, « et si l'on consulte l'ensemble des dispositions qu'elle a édictées, on acquiert la certitude que le principe de l'égalité entre les créanciers est la base même de la liquidation judiciaire comme il l'est pour la faillite. Le législateur de 1889 n'a pas pu vouloir la continuation des poursuites, car ces poursuites seraient aussi contraires à l'intérêt des créanciers qu'à l'intérêt du débiteur [3]. » Et, après avoir cité à l'appui de sa thèse un long article de M. Boistel, professeur à la Faculté de droit de Paris, M. Demôle

---

[1] *Journal officiel* du 2 mars 1890, Chambre des députés, Débats parlementaires, page 404.

[2] *Journal officiel* du 9 mars 1890, Chambre des députés, Débats parlementaires, page 487.

[3] *Journal officiel* du 29 mars 1890, Sénat, Débats parlementaires, page 372.

ajoute que les motifs invoqués par les partisans du système du maintien des poursuites individuelles sont des
plus faciles à réfuter.

C'est à la suite de ce rapport qu'a été voté par le
Sénat le projet Maxime Lecomte [1]. Il a été promulgué
le 4 avril 1890.

Le paragraphe 1er de l'article 5 de la loi du 4 mars
1889 est donc aujourd'hui modifié de la façon suivante :
*A partir du jugement, qui déclare ouverte la liquida-
tion judiciaire, les actions mobilières ou immobilières et
toutes voies d'exécution tant sur les meubles que sur
les immeubles sont suspendues comme en matière de
faillite. Celles qui subsistent doivent être intentées ou
suivies à la fois contre les liquidateurs et le débiteur.*

SECTION II

ÉTUDE DES EFFETS DE LA SUSPENSION
DES POURSUITES

Il ne nous reste plus qu'à apprécier l'étendue de cette
conséquence du jugement déclaratif de liquidation judiciaire. Nous n'entrerons pas à cet égard dans de longs
détails, puisque la loi nouvelle reproduit les dispositions
de 1838. Deux questions méritent cependant d'appeler
notre attention : elles feront chacune l'objet d'un paragraphe.

[1] *Journal officiel* du 30 mars 1890, Sénat, Débats parlementaires,
page 378.

§ 1. — DES CRÉANCIERS POUR LESQUELS EST SUSPENDU L'EXERCICE DES ACTIONS INDIVIDUELLES

SOMMAIRE : I. Des chirographaires et des privilégiés généraux. — II. Des hypothécaires et des gagistes spéciaux. — III. Du propriétaire-bailleur.

Et d'abord, quels sont les créanciers pour lesquels est suspendu l'exercice des actions individuelles ?

I. — Ce sont en premier lieu les créanciers chirographaires : ce sont eux qui composent la masse, et c'est pour eux que le législateur s'est efforcé d'obtenir l'égalité proportionnelle.

Ce sont aussi les créanciers qui ne peuvent exercer qu'un privilège général : aucun texte n'établit une exception en leur faveur. Leur donner le droit d'exercer des poursuites, quand on refuse ce droit aux chirographaires, serait du reste illogique. Sans doute ils ne doivent pas venir au marc le franc, et le principe de justice proportionnelle ne serait pas violé par les voies d'exécution qu'ils pourraient exercer, mais ces voies d'exécution n'en seraient pas moins préjudiciables à la masse : car ils ne manqueraient pas de s'attaquer aux marchandises indispensables pour continuer l'exploitation du fonds de commerce.

Chirographaires et privilégiés généraux ne pourraient même pas faire saisie-arrêt entre les mains des débiteurs du liquidé. C'est là une poursuite d'une nature spéciale. Il en serait autrement si la saisie-arrêt avait été validée

par une décision passée en force de chose jugée avant
l'ouverture de la liquidation judiciaire, parce qu'alors il
y aurait un droit acquis au créancier saisissant devenu
par l'effet du jugement créancier direct du tiers-saisi.

II. — Mais les créanciers hypothécaires conservent
le droit de faire vendre le bien affecté à leur créance,
c'est ce qui s'induit par un argument *a contrario* de
l'article 5, 2e alinéa. Il est nécessaire cependant qu'ils
commencent leur poursuite en expropriation avant le
refus du concordat ; car, à partir de ce moment, le liquidé
pourrait s'y opposer en vertu de l'article 572 du Code
de commerce auquel renvoient les articles 19 et 15 de
la loi du 4 mars, et prétendre qu'alors lui seul sous la
surveillance de ses curateurs a le droit d'aliéner ses
immeubles.

Les gagistes nantis peuvent également poursuivre la
vente de leur gage. Il y a lieu d'appliquer ici l'article 548
du Code de commerce.

Nous dirons donc que, quand le gage ne sera pas retiré
par le liquidé assisté de ses liquidateurs, le créancier
aura le droit de le mettre en vente. En obtient-il un prix
qui excède la créance, le surplus sera recouvré par le
débiteur, toujours avec la même assistance ; en obtient-il
au contraire un prix inférieur à sa créance, il viendra à
contribution pour le surplus dans la masse comme
créancier ordinaire.

III. — Quant au propriétaire-locateur des magasins
du liquidé et des immeubles servant à son habitation,
s'ils sont une dépendance de ces magasins, son droit de
poursuite est réglé par l'article 18 de la loi nouvelle.

Une loi du 13 février 1872, modifiant l'article 450 du Code de commerce, lui interdisait toute action soit en résiliation de bail, soit en payement de loyers pendant un temps indéterminé, s'étendant depuis la déclaration de faillite jusqu'à l'expiration des huit jours qui suivaient le délai accordé par l'article 492 du Code de commerce aux créanciers domiciliés en France pour la vérification de leurs créances. Si, à cette époque, avec l'autorisation du juge-commissaire, le failli entendu, les syndics n'avaient pas notifié leur intention de continuer le bail, le propriétaire reprenait l'exercice de ses actions.

Les délais de vérification ayant été diminués par la loi nouvelle, la Chambre avait adopté une disposition sinon identique, du moins analogue. Et l'article 18 donnait pour la notification un délai de huit jours à partir de l'expiration de celui accordé par l'article 11 aux créanciers domiciliés en France pour la vérification de leurs créances.

Mais M. Demôle jugea plus rationnel en raison de l'abréviation des délais de production de prendre une date fixe ; l'article 18 fut modifié, et le débiteur a aujourd'hui pour remplir cette formalité huit jours à partir de la première assemblée de vérification.

Nous savons que, vu l'importance de cet acte, la loi exige une ordonnance du juge-commissaire et l'avis des contrôleurs.

Nos législateurs auraient mieux fait d'apporter une correction bien différente à la loi de 1872. Il ne fallait pas diminuer le délai, mais l'augmenter. N'est-ce pas en effet seulement après l'homologation du concordat que le liquidé et les liquidateurs pourront, en connaissance de cause, se prononcer sur la grave question de la continuation du bail ? N'est-il pas illogique d'exposer un commerçant honnête et malheureux à des poursuites irréparables, à une expulsion honteuse, parce que ce commerçant, effrayé par l'attitude hostile de quelques créanciers, n'a pas osé faire la notification prescrite ?

§ 2. — DE LA QUESTION DE SAVOIR SI LES CHIROGRAPHAIRES
PEUVENT CONTINUER APRÈS
LE JUGEMENT DÉCLARATIF LES POURSUITES COMMENCÉES AUPARAVANT

SOMMAIRE : I. Position de la question. — II. Rejet des systèmes qui admettent la continuation des poursuites. — III. Admission du système de la non continuation des poursuites. — IV. Critique.

I. — La seconde question que nous examinerons est celle de savoir si les créanciers chirographaires peuvent après le jugement, qui déclare ouverte la liquidation judiciaire, continuer les poursuites ou les voies d'exécution en cours au moment de l'admission de la liquidation. La loi du 4 avril 1890 s'étant contentée de faire un renvoi pur et simple à la loi de 1838, nous devons tenir compte de la longue controverse qui s'est élevée à cet égard depuis cinquante ans.

II. — M. Pardessus [1] prétend qu'une distinction s'impose : les chirographaires, dit-il, peuvent bien continuer les voies d'exécution sur les immeubles, mais ils ne peuvent pas les continuer sur les meubles. Cette théorie n'est qu'une pure hypothèse : aussi n'a-t-elle jamais eu beaucoup d'adhérents.

[1] *Cours de Droit commercial,* tome III, n° 1175.

Quelques arrêts se prononcent dans tous les cas pour la continuation des poursuites[1]. Il ne faut pas rendre inutiles, disent-ils, les frais déjà faits. Aucune disposition n'autorise à les mettre à la charge de la masse de la faillite, et il serait bien injuste de les faire supporter au créancier qui n'a fait qu'user de son droit. D'ailleurs, ajoutent-ils, les textes sont en ce sens. Sous l'empire du Code de 1807, le créancier pouvait incontestablement continuer après la déclaration de faillite les poursuites commencées auparavant. Si l'article 571 actuel n'interdit positivement aux créanciers de commencer des poursuites en expropriation sur les immeubles à l'égard desquels ils n'ont ni privilège, ni hypothèque qu'après le jugement déclaratif de faillite, ne doit-on pas en conclure qu'il ne déroge pas au Code de 1807 en ce qui concerne les poursuites commencées antérieurement à ce jugement?

III. — Même sous la loi de 1838 cette opinion n'était pas celle de la majorité. La Cour de cassation[2], MM. Renouard[3], Lyon-Caën et Renault[4], Boistel[5], Bravard-Verrières et Demangeat[6] n'hésitaient pas à refuser aux chirographaires le droit de continuer les voies d'exécution tant sur les meubles que sur les immeubles, sauf à leur rembourser les frais faits à bon droit. Et cette solution nous semble s'imposer encore davantage sous

---

[1] Aix, 21 juillet 1840 (Sir., 1840, II, 14) ; Angers, 22 mai 1874 (Sir., 1874, II, 251).

[2] 24 janvier 1853 (Sir., 1853, I, 321).

[3] *Traité des faillites*, tome I, page 323, et tome II, page 331.

[4] *Précis de Droit commercial*, tome II, n° 2686.

[5] *Précis de Droit commercial*, n° 920.

[6] *Traité de Droit commercial*, tome V, pages 132-133.

l'empire de la loi de 1889. L'article 571 est en effet aujourd'hui abrogé, et on ne peut tirer de l'article 5 qui
le remplace aucun argument semblable à celui que nous
avons tout à l'heure développé. En outre avec le dessaisissement il était possible de prétendre que le prix provenant des ventes et saisies devait être réservé pour la
masse. Le dessaisissement étant supprimé, une telle
prétention serait aujourd'hui inadmissible. Autoriser la
continuation des poursuites, ce serait violer le grand
principe d'égalité, entraver la marche de la liquidation,
rendre souvent nécessaire la cessation du négoce, ce
serait en un mot faire renaître tous les abus de la théorie
que nous avons combattue à propos des poursuites
postérieures au jugement déclaratif de liquidation judiciaire.

Notre système est d'ailleurs conforme à celui de la
seule juridiction qui ait eu à statuer sur ce point.
L'article 5, dit le Tribunal de Tunis [1] (23 mars 1889), ne
faisant aucune distinction entre les poursuites anté-
rieures et les poursuites postérieures, le juge ne saurait
en établir une.

Regrettons seulement en terminant que les législateurs de 1890 aient montré la même légèreté que les législateurs de 1889. Ils auraient dû comprendre cependant
qu'une loi doit avant tout être complète et explicite. Ils
auraient dû se rappeler combien funeste avait été la précipitation avec laquelle avait été voté le projet Laroze.
Mais ils n'ont pas voulu écouter la voix de l'expérience;
et, au lieu d'adopter par exemple une disposition ana-

---

[1] *Gazette du Palais*, 1889, I, page 852.

logue à celle de la loi Belge [1], ils n'ont vu que l'un des côtés de la question qu'il s'agissait de résoudre. Leur œuvre est incomplète, et les jurisconsultes demanderont sans doute dès demain une nouvelle transformation de l'article 5.

[1] D'après l'article 453 de cette loi, le jugement déclaratif arrête l'exercice de la contrainte par corps ainsi que toute saisie à la requête des créanciers chirographaires et non privilégiés sur les meubles et les immeubles. Si, antérieurement à ce jugement, le jour de la vente forcée des meubles ou immeubles saisis avait déjà été fixé et publié, cette vente aurait lieu pour le compte de la masse, à moins que sur la demande des curateurs le Tribunal n'en autorisât la remise à une autre époque. D'après l'article 454, toutes voies d'exécution pour parvenir au payement des créances privilégiées sur le mobilier dépendant de la faillite sont suspendues jusqu'à la clôture du procès-verbal de vérification des créances.

CHAPITRE III

DES INCAPACITÉS CIVIQUES, POLITIQUES
ET COMMERCIALES
QUI FRAPPENT LE DÉBITEUR

SECTION PREMIÈRE

DE LA SUPPRESSION D'UN GRAND NOMBRE
DE DÉCHÉANCES ÉDICTÉES
PAR LA LOI DE 1838 ET LES LOIS POSTÉRIEURES

Le failli est frappé de nombreuses déchéances civiques, politiques et commerciales.

Déchéances civiques! — La loi du 21 novembre 1872 lui interdit de faire partie d'un jury criminel. Imitant ses devancières, elle a en effet maintenu à son égard l'article 381 du Code d'instruction criminelle. Il ne peut pas par contre-coup siéger dans un jury d'expropriation, puisque les causes d'exclusion sont les mêmes. Il est incapable d'être témoin instrumentaire dans un acte notarié [1], sauf dans un testament [2]. Le port des insignes de la Légion d'honneur, des ordres étrangers, de la médaille militaire [3] lui est interdit.

[1] Loi du 25 ventôse an IX, article 9.
[2] Code civil, article 980.
[3] Décret du 16 mars 1852, article 37; Décret du 24 novembre 1852, articles 2 et 7.

Déchéances politiques ! — Il n'est ni électeur, ni éligible aux deux Chambres [1], aux Conseils généraux [2], aux Conseils d'arrondissement [3], aux Conseils municipaux [4].

Déchéances commerciales ! — L'électorat et l'éligibilité lui sont encore refusés aux Tribunaux de commerce [5], aux Conseils de prud'hommes [6], aux Chambres de commerce [7], aux Chambres consultatives des Arts et Manufactures [8]. Interdiction formelle lui est faite d'acheter une charge d'agent de change [9], ou de figurer sur la liste des courtiers de marchandises inscrits [10]. La Bourse lui ferme ses portes [11], et sa signature n'est pas admise à l'escompte de la Banque de France [12].

§ 1. — DÉBATS PARLEMENTAIRES

SOMMAIRE : I. Projets antérieurs. — II. Discussion à la Chambre. — III. Modifications introduites au Sénat.

I. — La suppression de ces déchéances était devenue un article des programmes électoraux. Voilà pourquoi

[1] Loi du 9 décembre 1884, article 4; décret-loi du 2 février 1852, articles 15-17°, 26.

[2] Loi du 10 août 1871, articles 5 et 6.

[3] Constitution du 22 frimaire an VIII; loi du 10 août 1871, article 5.

[4] Loi du 5 avril 1884, articles 14 et 32.

[5] Loi du 8 décembre 1883, articles 2-8° et 8.

[6] Loi du 1er juin 1853, article 6.

[7] Loi du 8 décembre 1883; décret du 22 janvier 1872; loi du 21 décembre 1871.

[8] Décret du 22 janvier 1872, articles 3 et 4.

[9] Code de commerce, article 83.

[10] Code de commerce, article 83 ; loi du 18 juillet 1866, article 2, al. 3.

[11] Code de commerce, article 613.

[12] Décret du 18 janvier 1808, article 50.

depuis 1879 tant de députés désireux de tenir leurs promesses avaient déposé si souvent sur le bureau de la Chambre de nombreux projets de réforme de la loi de 1838.

Voilà pourquoi M. Saint-Martin voulait abolir la faillite et la remplacer par la cessation de payements. Que les créanciers accordent un concordat à leur débiteur, qu'ils le déclarent ou non excusable, peu importe : il n'y aura plus de failli. Le commerçant malheureux, dont la catastrophe sera due à des événements imprévus, et le commerçant malhonnête mais habile, qui aura multiplié les fraudes, en évitant la banqueroute, seront mis sur un pied d'égalité absolue : tous deux conserveront la jouissance pleine et entière de leurs droits civiques et politiques.

C'était cette égalité qui répugnait au contraire au Conseil d'État. Le concordataire, disait-il, le non concordataire lui-même, s'il est déclaré exempt de faute ou de grave imprudence, échapperont à presque toutes les déchéances édictées par les lois : ils seront seulement incapables d'être électeurs et éligibles aux fonctions de juge au Tribunal de commerce, de membre d'une Chambre de commerce, ou d'un Conseil de prud'hommes. Mais toutes les incapacités inhérentes à la faillite frapperont ceux dont la conduite sera jugée blâmable.

La Cour de cassation voulait bien maintenir l'électorat, mais elle réclamait une inéligibilité absolue, et exigeait le payement d'un fort dividende (voir page 142). Pour voir rapporter le jugement déclaratif de faillite, le concordataire devait, pour ainsi dire, avoir fait un premier pas sur le chemin de la réhabilitation.

Certains étaient pressés d'aboutir. Pour arriver au résultat tant désiré, ils croyaient nécessaire avant tout d' « éviter les écueils, où pouvaient venir échouer la Commission et sa fortune, c'est-à-dire l'œuvre de la réforme de la législation des faillites [1] ». Parmi ces écueils le plus dangereux, d'après M. Millerand, était les modifications introduites à la procédure. Il déposa donc sur le bureau de la Chambre un projet en quatre articles (voir page 144) ordonnant au commerçant de faire dans les dix jours de la cessation de ses payements une déclaration de sa situation au greffe du Tribunal de commerce de son domicile. Quiconque obéissait à cette règle et obtenait un concordat était affranchi de toute incapacité civique et politique : ceux mêmes qui n'y obéissaient pas jouissaient de la même faveur, si le Tribunal les déclarait excusables.

Pour M. Lecomte au contraire, le failli ne devait être ni électeur, ni éligible aux Tribunaux et Chambres de commerce, aux Chambres consultatives des Arts et Manufactures, aux Conseils de prud'hommes; il lui était même interdit de représenter les parties devant les Tribunaux de commerce. Seul le concordataire, qui avait dans les dix jours fait sa déclaration de cessation de payements au greffe, ne subissait aucune déchéance.

II. — Tous ces projets ne furent point, nous le savons, adoptés par la Commission; et M. Millerand, ayant voulu faire appel de sa décision devant la Chambre, y trouva la même opposition systématique. Le rapport de

[1] Discours de M. Millerand. Voir *Journal officiel* du 17 octobre 1888, Chambre des députés, Débats parlementaires, page 2193.

M. Larozc avait en effet convaincu la majorité, et ce rapport établissait une véritable échelle d'incapacités.

« Au sein de la Commission de 1882 », y lisons-nous, « la question a donné lieu à de longues controverses : Si vous créez, disait-on, un bénéfice pour le débiteur de bonne foi en l'admettant à la liquidation judiciaire, pourquoi lui retirer en quelque sorte ce bienfait en le frappant d'une incapacité quelconque? N'est-il pas désirable que la liquidation judiciaire avec sa procédure rapide, le peu de frais qu'elle entraîne, devienne aussi fréquente que possible? N'est-ce pas nuire à l'innovation proposée que de placer à côté d'elle des pénalités qui peuvent en détourner quelques commerçants?

« Malgré ces objections qui ne sont pas sans gravité, la Commission a pensé qu'en écrivant dans l'artice 601 de son projet : *La réhabilitation seule rétablit le commerçant déclaré en état de liquidation judiciaire ou de faillite dans la plénitude de ses droits civils et politiques*, elle avait rendu hommage à un principe élevé de moralité, qui devait être toujours présent à la pensée du débiteur; qu'il fallait par suite, sous peine de se mettre en contradiction avec soi-même, frapper d'une déchéance légère celui qui reprendrait après un concordat la direction de ses affaires. Elle a donc établi ainsi l'échelle des incapacités.

« Le débiteur concordataire après liquidation restera électeur politique ; il conservera aussi ses droits électotoraux pour la nomination des membres des Tribunaux et des Chambres de commerce, des Conseils de prud'hommes, et des Chambres consultatives des Arts et Manufactures, mais il ne pourra être élu à ces diverses fonctions.

« Si le bénéfice de la liquidation judiciaire lui est refusé, il sera déclaré en état de faillite par un jugement publié et affiché ; et, à partir de ce moment, tous ses droits électoraux de quelque nature qu'ils soient seront suspendus jusqu'au moment où il aura été statué sur son excusabilité. Déclaré excusable, il reprend ses droits d'électeur, mais il n'est éligible à aucune fonction élective. S'il n'est pas déclaré excusable, il reste soumis à toutes les incapacités édictées par les lois actuelles contre les faillis. Enfin, suivant le cas, il est puni des peines de la banqueroute simple ou de la banqueroute frauduleuse.

« Il nous semble qu'on ne pouvait moins faire à l'égard du débiteur concordataire que de le frapper d'inéligibilité aux fonctions honorifiques qui sont d'ordinaire la récompense d'une carrière commerciale sans tache. On ne le prive d'aucun droit, on ne lui inflige aucune déchéance, mais il est bon de lui rappeler qu'après son concordat obtenu il lui reste encore un devoir à remplir. On ne pouvait effacer la réhabilitation de nos lois sans faire injure au sens moral : nous avons pensé que ce serait la supprimer indirectement que de ne pas établir une différence entre le débiteur concordataire et le réhabilité [1]. »

Cette théorie, qui pour la Commission établissait une juste mesure entre la sévérité et l'indulgence, était contenue dans les articles 15 et 20 du projet, le second relatif au failli déclaré excusable, le premier au liquidé concordataire. Nous disons le liquidé concordataire, car

---

[1] *Journal officiel*, Chambre des députés, Documents parlementaires de septembre 1886, page 1116.

d'après le projet, si le débiteur n'obtenait pas de concordat, il y avait obligation pour le Tribunal de déclarer la faillite.

Lors de la discussion de l'article 15, M. De la Batie déposa un amendement dans lequel il remplaçait pour le liquidé l'inéligibilité aux fonctions commerciales par l'inéligibilité à tous emplois et à tous Conseils publics ou politiques soumis à l'élection [1].

Il est illogique, faisait remarquer très judicieusément cet honorable député, de juger un homme indigne d'appliquer la loi commerciale à tous les degrés, de rendre la justice commerciale et de lui permettre de faire ou tout au moins de voter cette loi au Sénat ou à la Chambre. Nous devons avoir assez souci de la dignité et de l'honneur national pour ne pas laisser toute licence aux électeurs. Nous ne pouvons admettre que l'on puisse dire aux élus du suffrage universel : Vous avez été mis en état de cessation de payements. Sans doute vous avez obtenu un concordat. Mais de deux choses l'une ; ou bien vous êtes absolument insolvable, puisque vous ne pouvez pas vous réhabiliter et compléter le payement de vos dettes ; ou bien vous êtes indélicat : car, ayant au fond de votre caisse, dans le secret de votre portefeuille, de quoi payer vos créanciers et vous réhabiliter par le payement, vous ne le faites pas. Un indigent peut prendre place à la Chambre, mais cet indigent ne doit rien à personne. Le liquidé au contraire a une dette d'honneur à payer ; il doit son temps à sa réhabilitation et à ses créanciers et il ne lui est pas permis de consacrer ce temps à

---

[1] *Journal officiel* du 19 octobre 1888, Chambre des députés, Débats parlementaires, page 2223.

des discussions politiques ou à des succès électoraux.

Cette argumentation très judicieuse ne fut point goûtée au Palais Bourbon. L'amendement ne répondait pas aux promesses faites aux électeurs ; il fut repoussé par 338 voix contre 145 sous le vain prétexte qu'une disposition de la loi électorale déclarait tout électeur éligible. Vain prétexte, disons-nous ! car nous verrons dans la séance suivante la Chambre elle-même oublier cet article.

Elle s'opposa d'ailleurs le jour même à la prise en considération d'un amendement de M. Chevillotte, amendement qui pour les fonctions commerciales assimilait l'électorat et l'éligibilité, les refusant tous deux au débiteur. L'incompétence des concordataires à faire de bons choix semblait, pour cet honorable député, démontrée par le fait de leur suspension de payements. Il redoutait que par jalousie ils ne combattissent les candidatures des plus capables et des plus dignes. La Chambre en a jugé autrement [1], mais nous craignons bien que quelques années d'expérience ne donnent raison à M. Chevillotte.

Après avoir réglé le sort du liquidé, nos députés, à propos de l'article 20, s'occupèrent du failli déclaré excusable. C'est là une question qui ne rentre pas dans notre sujet : aussi n'en dirons-nous que quelques mots pour mieux faire comprendre le reste de la discussion.

Les débats à cet égard furent du reste de peu de durée. Le rapporteur ayant proposé de restituer au failli déclaré excusable l'exercice de ses droits électoraux suspendus par le jugement déclaratif, et de le

[1] Voir *Journal officiel* du 19 octobre 1888, Chambre des députés, Débats parlementaires, page 2224.

rendre seulement inéligible à toute fonction élective, M. De la Batie démontra d'une manière péremptoire que la Commission n'était pas plus respectueuse que lui du grand principe de droit constitutionnel invoqué la veille pour faire rejeter son amendement. La Chambre, d'après lui, ne pouvait ainsi se contredire à un jour d'intervalle. Elle n'hésiterait donc pas à enlever au failli excusable non seulement l'inéligibilité, mais encore l'électorat. L'objection resta sans réponse; mais, comme le dit un vieux proverbe, il n'est pires sourds que ceux qui ne veulent pas entendre : la Chambre fut sourde. L'amendement De la Batie fut repoussé. L'intérêt électoral l'emporta sur les lois de la raison, et le texte de la Commission fut adopté [1].

En résumé le projet soumis au Sénat prononçait trois sortes de déchéances :

1° Le liquidé concordataire était inéligible aux magistratures et charges commerciales.

2° Le failli déclaré excusable à toutes fonctions électives.

3° Le failli non déclaré excusable tombait sous le coup de toutes les incapacités civiques, politiques et commerciales édictées par la loi de 1838 et les lois postérieures.

III. — La théorie de la Chambre ne plut point à la Commission sénatoriale. Il lui sembla d'abord inadmissible de faire du concordat une condition *sine quâ non* de la liquidation judiciaire.

« Les incapacités », lisons-nous dans le rapport de

---

[1] Voir *Journal officiel* du 21 octobre 1888, Chambre des députés, Débats parlementaires, page 2243.

M. Demôle, « ne peuvent être que la conséquence d'une situation morale révélée par les faits. Or le concordat est sans influence sur la détermination de cette situation. Tel commerçant, qui aura scandaleusement abusé de son crédit, obtiendra son concordat, alors qu'il sera refusé à un autre contre lequel aucun reproche de gaspillage ou de malversation ne pourra être relevé. Il faut donc faire au débiteur en état de liquidation judiciaire une situation invariable, quel que soit le résultat de la liquidation. Et en effet, si la liquidation judiciaire qu'il a sollicitée lui a été accordée et maintenue, c'est qu'il est dans la catégorie des débiteurs malheureux que notre loi entend affranchir des déchéances et des humiliations de l'état de faillite [1]. »

La Commission décida donc que le refus du concordat ne serait pas une cause obligatoire de faillite. Et d'un autre côté, se rappelant les justes observations de M. De la Batie, elle ne limita plus l'incapacité du débiteur à l'inéligibilité aux charges commerciales, et l'étendit à toutes fonctions électives.

Quant au failli, elle le laissa dans tous les cas sous le coup des déchéances de la loi de 1838. La distinction établie par le projet entre les excusables et les non excusables ne lui semblait pas avoir sa raison d'être, puisque la liquidation judiciaire allait devenir le refuge de ceux en faveur desquels la législation antérieure avait introduit la déclaration d'excusabilité. Quelle excuse en effet pourraient alléguer ceux qui ne jouiraient pas du bénéfice des dispositions nouvelles. S'ils ne l'ont pas réclamé, c'est qu'eux-mêmes se sont

---

[1] *Journal officiel*, Sénat, Documents parlementaires d'avril 1889, page 385.

jugés indignes de l'obtenir. S'ils se le sont vu refuser, c'est que la justice a reconnu leur indignité.

Le Sénat, ayant ratifié la décision de sa Commission, l'aticle 15, 4ᵉ al., et l'article 20, 3ᵉ et 4ᵉ al., sont devenus l'article 21 ainsi conçu : *A partir du jugement d'ouverture de la liquidation judiciaire, le débiteur ne peut être nommé à aucune fonction élective : s'il exerce une fonction de cette nature, il est réputé démissionnaire* [1].

§ 2. — DES INCAPACITÉS MAINTENUES PAR LA LOI DU 4 MARS

SOMMAIRE : I. Le débiteur encourt-il des déchéances civiques? — II. Encourt-il des déchéances politiques? — III. Encourt-il des déchéances commerciales? — IV. Peut-il être arrêté?

Ces longs débats nous permettent d'apprécier exactement la situation du débiteur. En principe il conserve la jouissance de ses droits civiques, politiques et commerciaux. C'est ce qui résulte très clairement du rapport de M. Laroze et des paroles prononcées par lui à la Chambre. « Nous avons seulement voulu », a-t-il dit, « qu'il ne pût pas recevoir les honneurs qu'on accorde aux négociants impeccables [2]. » Et le Sénat, en se montrant plus rigoureux, n'a fait qu'étendre l'exception. A l'exclusion des honneurs commerciaux il a joint l'exclusion des

---

[1] Il résulte des articles 23 et 24 que tout ancien failli, qui aura obtenu son concordat et qui aura été déclaré excusable, pourra demander au Tribunal de commerce un jugement le relevant de toutes les incapacités autres que celles de l'article 21.

[2] *Journal officiel* du 19 octobre 1888, Chambre des députés, Débats parlementaires, page 2223.

honneurs politiques ou municipaux. Mais le principe est resté le même. Le but poursuivi et le texte de l'article 21 ne laissent aucun doute sur ce point.

I. — Point de déchéances civiques pour le liquidé! La croix de la Légion d'honneur, les insignes des ordres étrangers, la médaille militaire peuvent briller sur sa poitrine. Il a le droit d'être témoin dans un acte notarié, d'être membre d'un jury criminel ou d'un jury d'expropriation. Certains ont cependant contesté cette dernière solution. Pour faire partie d'un jury, ont-ils dit, il faut figurer d'abord sur une liste, être pour ainsi dire élu par une commission ; les fonctions de juré sont donc des fonctions électives. C'est une grave erreur : les jurés ne sont pas élus, mais choisis par une commission, ce qui est bien différent.

II. — Point d'autres déchéances politiques pour le liquidé que celle de l'article 21, c'est-à-dire l'inéligibilité [1].

III. — Et l'inéligibilité est encore sa seule incapacité commerciale. La Banque de France ne peut refuser d'escompter les effets de commerce portant sa signature. Il peut même pénétrer à la Bourse. Nous savons bien que ce droit lui a été dénié. On a dit que l'article 24 de la loi nouvelle faisant revivre tous les articles non modifiés du Code de commerce lui rendait applicable l'article 613. C'est oublier l'esprit de la loi : le débiteur est

---

[1] Remarquons que l'inéligibilité entraîne l'impossibilité d'être électeur au second degré pour les élections sénatoriales, puisque cet électeur est lui-même élu. (Article 1, 4me al., 4o de la loi du 24 février 1875).

en principe capable, et ce principe s'oppose à l'application de tous les articles édictant des déchéances. Nous croyons cependant devoir lui refuser le droit d'être agent de change ou courtier inscrit : aux termes de l'arrêté du 29 germinal an IX, de l'arrêt du Conseil du 24 septembre 1824 et de l'article 2 de la loi du 18 juillet 1866, ne peuvent être ni agents de change, ni courtiers, outre les faillis, ceux qui ont fait cession de biens ou atermoiements. Et il nous semble difficile de ne pas assimiler le liquidé à ces derniers.

Nous blâmerions également le choix d'un liquidé comme syndic ou liquidateur judiciaire.

Mais le débiteur peut-il être nommé juge d'un Tribunal civil jugeant commercialement, ou conseiller à une Cour d'appel. C'est une question qui n'est pas résolue directement par la loi du 4 mars. Sa solution n'est pas cependant moins certaine par suite de la réponse faite à M. Bigot par M. Ferrouillat, alors garde des Sceaux: « Je comprends », a dit ce dernier, « qu'on ait pris des précautions contre l'élection : mais, alors qu'il s'agit d'une nomination à faire par le ministre chargé de la garde de la justice, je n'admets pas qu'on puisse poser cette hypothèse qu'ayant à faire une nomination un garde des Sceaux porte son choix sur un ancien failli ou un homme qui a été soumis à une liquidation judiciaire[1]. »

Il y a là à notre avis un engagement formel, et la question, restant la même avec le texte voté par le Sénat, nous estimons qu'un Garde des sceaux méconnaîtrait l'esprit, sinon le texte de la loi, en ne tenant pas compte de la promesse faite du haut de la tribune française par

[1] *Journal officiel* du 19 octobre 1888, Chambre des députés, Débats parlementaires, page 2224.

l'un de ses prédécesseurs. Sans doute le choix d'un failli ou d'un liquidé pour une charge judiciaire ne serait pas un acte absolument illégal, mais ce serait du moins un acte répréhensible. Nous espérons donc, contrairement à l'avis de M. Bigot, que M. Ferrouillat n'a pas trop présumé de ses successeurs.

IV. — La loi de 1838 ne se borne pas à édicter des déchéances contre le failli: elle ordonne en outre le dépôt de sa personne dans la maison d'arrêt pour dettes ou sa garde soit par un officier de police ou de justice, soit par un gendarme (art. 455 du C. co.). Et cette arrestation a été maintenue par la loi du 22 juillet 1867 abolissant la contrainte par corps. Il est vrai que l'article 456 permet au Tribunal d'affranchir le failli de cette garde, quand il a déposé son bilan dans les trois jours, et n'est pas lors du jugement déclaratif incarcéré pour dettes ou autres causes. D'ailleurs, quand l'arrestation du failli est obligatoire, le juge-commissaire peut lui faire accorder par le Tribunal un sauf-conduit provisoire avec ou sans caution. A défaut de juge-commissaire, la demande est valablement faite par les syndics ou le failli lui-même (art. 472 et 473 C. co.).

Ces dispositions sont-elles applicables à la liquidation judiciaire? La réponse ne saurait être douteuse. M. Vergoin avait proposé d'ajouter à l'article 19 un alinéa, d'après lequel le Tribunal n'était plus obligé d'ordonner la mise du failli sous main de justice, et conservait à cet égard un pouvoir complet d'appréciation. M. Laroze s'y opposa sous prétexte que c'était une disposition qui devait être renvoyée à l'examen du projet complet de la réforme des faillites. « Dans le cas de liquidation judiciaire », ajouta-t-il, « il est bien évident qu'il ne peut être nullement question d'arrestation contre celui qui s'est mis entre les mains de la justice et qui a fait ainsi preuve de bonne foi[1]. »

C'est à la suite de ce discours que la Chambre rejeta l'amendement Vergoin. C'était bien reconnaître que le liquidé conservait sa liberté pleine et entière. Il serait d'ailleurs illogique d'arrêter un commerçant à qui l'on permet d'échapper à la faillite, parce qu'on le croit honnête homme.

Quant aux peines de la banqueroute simple et de la banqueroute frauduleuse, elles sont inconciliables avec la liquidation judiciaire, et ont pour conséquence nécessaire la déclaration de faillite (art. 19, 2° al., 4°).

SECTION II

DE LA CESSATION DES DÉCHÉANCES ÉDICTÉES PAR LA LOI DU 4 MARS

SOMMAIRE : I. Rejet de l'amendement Saint-Martin. — II. Rejet de l'amendement Vergoin.

Nous connaissons maintenant toutes les déchéances qui frappent le débiteur. Il ne nous reste plus qu'à nous demander comment ces déchéances peuvent être effacées.

---

[1] *Journal officiel* du 21 octobre 1889, Chambre des députés, page 2241.

Pour recouvrer sa pleine et entière capacité, le liquidé a-t-il besoin comme le failli de recourir à la procédure de la réhabilitation ? La question a été vivement agitée à la Chambre.

I. — « La liquidation judiciaire », disait M. Saint-Martin, « n'est point un châtiment : elle n'a pris naissance pour le commerçant que dans ce fait qu'il ne payait pas ses créanciers. Il est donc juste qu'elle prenne fin par cet autre fait qu'il a intégralement désintéressé ces mêmes créanciers [1] ». Et, s'appuyant sur cette considération, il proposa à nos députés, au nom de la minorité de la Commission, de faire cesser de plein droit les incapacités encourues et les autres effets de la liquidation judiciaire, si dans le cours des opérations le débiteur payait ses dettes en intérêts et capital. Il fit remarquer qu'aucune disposition n'était plus conforme au but poursuivi. Ne supprimait-elle pas en effet les frais inutiles, les longueurs de la procédure, n'encourageait-elle pas la famille à intervenir, à désintéresser les créanciers ?

M. Laroze lui répondit avec raison que l'on devait établir une distinction entre la cessation des incapacités et la cessation des autres effets produits par le jugement déclaratif de liquidation judiciaire. Le jour où le liquidé s'acquitte entièrement, le personnel de la liquidation disparaît, mais il serait injuste de considérer comme une réhabilitation le fait de désintéresser les créanciers. Il ne faut pas imposer une longue procédure à celui qui pendant vingt ans s'est livré aux travaux les plus pénibles pour reconquérir son honneur, et en dispenser le négo-

[1] *Journal officiel* du 21 octobre 1888, Chambre des députés, Débats parlementaires, page 2246.

ciant heureux qui a reçu le bienfait d'une fortune tombée du ciel. Si cette homme paye, il n'est pas réhabilité pour cela : les déchéances ont été prononcées par la justice ; la justice seule peut les effacer.

L'avis de M. Laroze prévalut.

II. — Mais la minorité de la Commission ne se tint pas pour battue, et M. Vergoin fut chargé par elle de développer un nouvel amendement. Celui-ci admettait bien l'intervention de la justice, mais il n'exigeait plus le payement intégral des dettes en capital et intérêts. Il était ainsi conçu : «La réhabilitation sera accordée sur quittance légalisée de chacun des créanciers se déclarant intégralement désintéressé en principal, intérêts et frais. La justification du payement des intérêts ne sera pas exigible au-delà de cinq ans [1]. »

Le nombre des réhabilitations, faisait remarquer M. Vergoin, est infiniment rare. La jurisprudence, exagérant la loi, exige non seulement le capital et les intérêts, mais encore les intérêts capitalisés. Et il arrive souvent que, quand les créanciers s'estiment payés, les magistrats refusent la réhabilitation sous prétexte que le payement n'est pas complet. Ils n'acceptent ni les remises de dette, ni les compensations. N'est-il pas plus simple de considérer comme principaux juges du fait les seuls intéressés, c'est-à-dire les créanciers ?

Cette théorie eut le même succès que la précédente, et nous devons nous en réjouir. Elle aurait eu en effet des conséquences désastreuses. Nous aurions vu des

---

[1] *Journal officiel* du 21 octobre 1888, Chambre des députés, Débats parlementaires, page 2248.

agents d'affaires marchander avec les créanciers, leur arracher des quittances légalisées moyennant de faibles dividendes. Les réhabilités auraient peut-être été les plus habiles, mais ils n'auraient pas été les plus honnêtes.

Mieux vaut avec la loi de 1838 obliger ceux qui veulent reconquérir leur honneur à monter ce que l'on a appelé le calvaire de la réhabilitation ; mieux vaut obliger les débiteurs à solder en capital, intérêts et frais toutes les dettes qui constituaient le passif de la liquidation.

CHAPITRE IV

DES EFFETS COMMUNS AU JUGEMENT DÉCLARATIF DE LIQUIDATION JUDICIAIRE ET AU JUGEMENT DÉCLARATIF DE FAILLITE

Pour connaître tous les effets du jugement déclaratif de liquidation judiciaire, il nous faut encore examiner quatre questions :

1° La déchéance du terme ;

2° La cessation du cours des intérêts ;

3° L'hypothèque de la masse ;

4° La nullité de toutes autres inscriptions ;

Les articles 4, 5 et 8 de la loi nouvelle ne font que reproduire à cet égard la législation de 1838. Il nous suffira donc de nous y reporter, et, pour ne pas répéter ce qui a été déjà dit tant de fois par des voix bien plus autorisées que la nôtre, nous nous bornerons à signaler très brièvement les discussions qu'a fait naître la loi ancienne, discussions qui subsistent toutes sous l'empire de la loi du 4 mars.

SECTION PREMIÈRE

DE LA DÉCHÉANCE DU TERME

SOMMAIRE : I. But de l'article 8. — II. La déchéance atteint-elle les coobligés du débiteur. — III. Conséquences de l'exigibilité des dettes à terme. — IV. Du droit du propriétaire-bailleur.

Le jugement qui déclare ouverte la liquidation judiciaire rend exigibles à l'égard du débiteur les dettes passives non échues (article 8).

I. — Trois motifs justifient cette disposition :

1° Le créancier n'a accordé un terme que parce qu'il avait confiance dans la solvabilité de son débiteur. Celui-ci a trompé cette confiance. Le terme n'a plus sa raison d'être.

2° Le législateur veut faire un sort égal à tous les créanciers, et le meilleur moyen d'y parvenir est de leur permettre de participer tous immédiatement aux opérations de la liquidation.

3° Le maintien du terme créerait en pratique des difficultés inextricables : tandis que l'on payerait les uns, il faudrait mettre en réserve des dividendes pour les autres. Ce serait traîner en longueur la procédure et multiplier les frais.

Regrettons seulement que le législateur n'ait pas introduit dans la loi du 4 mars une disposition analogue à celle de quelques législations étrangères [1], et n'ait pas permis pour les dettes à terme très éloigné et non productives d'intérêts de compenser cette exigibilité anticipée par une sorte d'escompte.

II. — L'article 8 est une répétition littérale de l'article 444, 1er al. du Code de commerce. Le législateur aurait donc pu et aurait même dû le supprimer. Car,

---

[1] L'article 450, 2me alinéa de la loi belge déclare que les dettes non échues et ne portant pas intérêts, dont le terme serait éloigné de plus d'une année, ne seront admises au passif que sous déduction de l'intérêt légal calculé depuis le jugement déclaratif jusqu'à l'échéance.

D'après l'article 58 de la loi allemande, la créance à terme non productive d'intérêts sera réduite à la somme qui, augmentée de ses intérêts au taux légal depuis l'ouverture de la faillite jusqu'à l'échéance, égalerait le montant intégral de la créance.

comme l'a fait fort judicieusement observer M. Thellier de Poncheville, l'article 444 contient deux alinéas [1] : tous deux seraient assurément applicables dans le silence de la loi, puisqu'elle se termine par un article de renvoi à la législation de 1838. Mais, en présence de la reproduction du premier alinéa et de la prétérition du second, les magistrats pourraient conclure à l'abrogation de ce dernier.

La réflexion était des plus justes ; elle n'a point été écoutée, mais elle a du moins provoqué une explication du rapporteur [2]. Aussi, grâce à M. de Poncheville, le défaut de rédaction ne peut plus avoir d'inconvénients pratiques, et nous pouvons affirmer que le sort des coobligés du débiteur est le même que celui des coobligés du failli. La déchéance du terme ne les atteint pas, mais elle permet souvent d'exiger d'eux une caution.

Examinons rapidement les différents cas qui peuvent se présenter :

1° Une dette est garantie par un cautionnement. La caution est-elle admise au bénéfice de la liquidation, le débiteur doit en fournir une autre.

2° Une lettre de change a été souscrite, endossée et acceptée par plusieurs personnes. C'est le tiré qui est en liquidation judicaire : tous les autres signataires doivent donner caution, puisqu'ils ont accédé à son engagement et garanti sa signature.

---

[1] Article 444, 2ᵐᵉ al. En cas de faillite du souscripteur d'un billet à ordre, de l'accepteur d'une lettre de change ou du tireur à défaut d'acceptation, les autres obligés seront tenus de donner caution pour le payement à l'échéance, s'ils n'aiment mieux payer immédiatement.

[2] Voir *Journal officiel* du 19 octobre 1888, Chambre des députés, Débats parlementaires, page 2219.

C'est le tireur qui a été admis au bénéfice de la loi nouvelle. Il ne peut être question de demander une caution au tiré, puisqu'au lieu de garantir le tireur il est garanti par lui. Quant aux endosseurs, on n'exige d'eux une caution que si le tiré n'a pas accepté. C'est une dérogation maladroite au principe, d'après lequel celui qui garantit un payement doit donner caution, si son mandataire pour le payement n'est plus responsable. C'est le payement en effet qui est garanti et non pas l'acceptation de la lettre de change.

Ce même principe aurait dû permettre d'exiger en cas de liquidation judiciaire d'un des endosseurs une caution des endosseurs subséquents, mais la loi ne l'a pas fait.

3° S'agit-il d'un billet à ordre, par suite des mêmes errements, les endosseurs ne doivent caution qu'au cas où le souscripteur est déclaré en liquidation.

III. — L'exigibilité anticipée s'applique à toutes les dettes, peu importe qu'elles soient civiles ou commerciales, chirographaires, privilégiées ou hypothécaires. Mais il ne faudrait pas croire qu'elle produise les mêmes effets que l'exigibilité ordinaire.

Le législateur a voulu permettre à tous les créanciers de produire à la liquidation, et, après la vérification et l'affirmation, de prendre part à la répartition des deniers. Mais il n'a jamais songé à leur accorder d'autres avantages.

Les créanciers à terme ne pourraient pas, par exemple, invoquer la compensation sous prétexte qu'ils sont eux-mêmes débiteurs du liquidé. Admettre cette compensation, ce serait oublier le grand principe d'égalité, consacrer une injustice et commettre une illégalité. Car, si la créance invoquée est exigible, elle n'est pas liquide, puisque le créancier n'a droit qu'à un dividende indéterminé.

Nous refuserions également aux hypothécaires ou aux gagistes à terme le droit de procéder à des voies d'exécution. Nous savons bien que telle n'est pas la théorie de la jurisprudence en cas de faillite. « La loi, » d'après le tribunal civil d'Agen [1], « ne fait aucune distinction entre les créances chirographaires et les créances privilégiées ou hypothécaires : le jugement déclaratif ne doit pas seulement s'entendre du droit pour les créanciers de participer à la distribution des deniers, mais il autorise aussi l'exercice des droits réels, tels que celui d'expropriation des immeubles qui leur sont affectés, parce que, l'état produit par le jugement n'ayant en rien modifié la position des créanciers privilégiés ou hypothécaires, ils peuvent exercer toutes les actions qui leur auraient appartenu s'il n'avait pas existé. »

Mais n'y a-t-il pas là une contradiction palpable ? Comment, si la liquidation judiciaire ne modifie pas la situation de ces créanciers, peuvent-ils avoir un droit qu'ils n'auraient pas sans cette liquidation ? N'est-ce pas leur accorder un privilège exorbitant que de leur permettre de se prévaloir du bénéfice de la liquidation pour faire tomber le terme qui les gêne, et d'écarter en même temps ce bénéfice pour pouvoir procéder à des mesures d'exécution ? N'hésitons donc pas à leur dénier l'exercice de toute poursuite jusqu'à la véritable échéance de leurs créances.

[1] 20 février 1866 (Dalloz, 1866, II, page 149).

IV. — La déchéance du terme produisait des résultats désastreux dans un cas spécial. La loi n'établissant pas d'exception, il fallait même l'appliquer à la créance du propriétaire-bailleur. La jurisprudence le considérait en effet comme créancier à terme, et lui permettait en qualité de gagiste d'exercer des poursuites individuelles, et de se faire payer par préférence sur tous les meubles garnissant les lieux loués non seulement des loyers échus, mais encore des loyers à échoir : aussi il absorbait souvent à lui seul tout l'actif du débiteur.

C'est à cet abus qu'a voulu remédier la loi du 12 février 1872. Cette loi suspend d'abord le droit de poursuite pendant un certain délai qui, nous l'avons vu, a été modifié par l'article 18 de la loi du 4 mars.

Si pendant cette période le débiteur avec l'assistance du liquidateur, l'autorisation du juge-commissaire et l'avis des contrôleurs a notifié son intention de continuer le bail, le propriétaire a quinze jours pour réfléchir. S'il ne demande pas dans cet intervalle la résiliation, ou si l'ayant demandée il ne l'obtient pas, il doit se contenter du payement des loyers échus. L'obtient-il au contraire, son privilège est restreint aux deux dernières années échues, à l'année courante et à des dommages-intérêts. Il pourrait, il est vrai, réclamer en outre par privilège une année dans l'avenir à partir de l'année courante, si les meubles garnissant les lieux loués avaient été vendus.

SECTION II

DE LA CESSATION DU COURS DES INTÉRÊTS

SOMMAIRE : I. But de l'article 8. — II. Des créanciers privilégiés ou hypothécaires. — III. Des créanciers d'une rente viagère. — IV. Des intérêts perçus par anticipation. — V. Des obligations à prime.

Le jugement qui déclare ouverte la liquidation judiciaire... arrête à l'égard de la masse seulement le cours de toute créance non garantie par un privilège, un nantissement ou une hypothèque. Les intérêts des créances garanties ne peuvent être réclamés que sur les sommes provenant des biens affectés au privilège, à l'hypothèque ou au nantissement (article 8).

I. — C'est encore la même considération, c'est-à-dire le principe d'égalité qui a dicté cet article. Voilà pourquoi cette suspension du cours des intérêts n'a lieu qu'à l'égard de la masse, et nous savons qu'elle ne dispense point de leur payement le débiteur qui veut être réhabilité.

L'article 8 est du reste la reproduction de l'article 445 du Code de commerce. Il nous suffira donc d'indiquer les controverses que ce dernier a fait naître.

II. — Un hypothécaire ou privilégié ne vient en ordre utile que pour une partie de sa créance sur le prix de l'immeuble ou du gage qui la garantit. Peut-il imputer d'abord la somme touchée sur les intérêts, conformément à la règle générale de l'article 1254 du Code civil? La question est d'une grande importance. Il reste, par exemple, sur un immeuble une somme de trois mille francs, qui est attribuée à un créancier, à qui il est dû vingt mille francs en capital et mille francs pour intérêts courus depuis le jugement déclaratif.

Si l'on applique l'article 1254, le créancier sera admis à figurer dans la masse pour dix-huit mille francs. Au cas contraire, il ne pourra produire que pour dix-sept mille francs, puisque le cours des intérêts est suspendu pour les chirographaires. Cette dernière solution nous semble exacte, malgré l'avis contraire de la Cour de cassation [1] en matière de faillite. Nous croyons en effet que l'article 8 contient une dérogation formelle aux règles établies par le Code civil quant à l'imputation des payements.

III. — Si parmi les créanciers il en est un à qui il est dû une rente viagère, les arrérages de cette rente cesseront-ils de courir après le jugement déclaratif? Non, répondent tous les auteurs ; car, supprimer les intérêts, ce serait supprimer la créance. Mais on cesse d'être d'accord, quand il s'agit de déterminer la part du créancier. Nous serions d'avis d'appliquer ici l'article 1978 du Code civil, qui déclare que le capital de la rente viagère n'est pas exigible par le seul défaut de payement des intérêts, et que le crédi-rentier n'a que le droit de saisir les biens du débiteur et de faire ordonner ou consentir sur le produit de la vente l'emploi d'une somme suffisante pour le service des arrérages. Le liquidé, par

---

[1] Chambre civile, 12 juillet 1876 (Dalloz, 1877, I, page 305).

exemple, est débiteur d'une rente viagère de mille francs. On inscrira au passif une somme de vingt mille francs, à laquelle on fera subir une réduction égale à celle des autres créances. Le dividende ainsi obtenu sera placé, le crédi-rentier en touchera les intérêts jusqu'à sa mort : à cette époque, le capital fera retour à la masse.

IV. — La combinaison de la déchéance du terme et de la cessation du cours des intérêts engendre d'autres difficultés.

Un banquier escompte la veille de la faillite ou de la liquidation judiciaire un billet. Pourra-t-il produire pour le montant intégral du billet ou pour la somme payée ?

L'application rigoureuse du principe de la cessation des intérêts tendrait à faire prévaloir la dernière solution. Mais telle n'est pas, selon nous, la théorie exacte. Il résulte en effet des travaux préparatoires de la loi de 1838 que le législateur, pour éviter des difficultés pratiques, n'a pas voulu permettre d'analyser ainsi les divers éléments du capital. La production pour le capital nominal n'a pas d'ailleurs grand inconvénient, les échéances commerciales n'étant presque jamais à long terme.

V. — Cette solution consacrerait cependant une grande injustice dans un cas spécial. Nous voulons parler de l'émission par une société d'obligations remboursables dans un certain délai d'après des tirages annuels et à un taux très élevé. Supposons, par exemple, des obligations au capital de cinq cents francs, émises à trois cents, produisant douze francs d'intérêts et remboursables dans soixante ans. La société tombe en liquidation au bout de peu de temps. De quelle somme les obligataires peuvent-ils se dire créanciers ? Peuvent-ils réclamer cinq cents francs, chiffre indiqué sur leur titre de créance ?

La majorité des auteurs répond négativement. C'est avec raison, croyons-nous; car la prime n'est autre chose qu'un supplément de rémunération du prêt. Pour les obligataires non remboursés lors du jugement déclaratif de liquidation elle correspond donc aux intérêts à courir, et ne peut par suite être réclamée, puisque les intérêts qu'elle est destinée à augmenter ne peuvent l'être eux-mêmes au regard de la masse.

Il serait aussi injuste d'ailleurs de permettre aux obligataires de ne produire que pour le capital d'émission, le taux des intérêts ayant été diminué en vue de la prime. Les tribunaux devront donc ajouter à ce capital une certaine somme, en tenant compte du taux de l'intérêt, du temps écoulé et du temps restant à courir jusqu'à l'expiration de la période de remboursement.

SECTION III

DE L'HYPOTHÈQUE DE LA MASSE

Sommaire : I. Modifications introduites par la loi nouvelle. — II. Hypothèque sur les biens du débiteur du liquidé. — III. Hypothèque de la masse proprement dite.

... Ils (les liquidateurs) *sont tenus, dans le même délai, de requérir les inscriptions d'hypothèques men-*

tionnées en l'article 490 *du Code de commerce* (article 4).

I. — Ces inscriptions d'hypothèques sont un des actes qui doivent être accomplis par les liquidateurs dans l'intérêt des créanciers. L'article 490 chargeait de la même mission les syndics, mais il ne leur fixait aucun délai. Les tribunaux avaient donc pleine et entière liberté pour les déclarer ou non responsables, si l'omission de cette formalité avait causé quelque préjudice à la masse. La loi nouvelle a eu raison de supprimer cet arbitraire, mais elle aurait dû fixer un délai plus long. Vingt-quatre heures sont insuffisantes, si les immeubles sont situés dans des arrondissements divers et éloignés.

II. — L'article 490 nous parle d'abord des inscriptions d'hypothèques sur les immeubles des débiteurs du liquidé. Si elles n'ont pas été requises par lui, elles seront prises au nom de la masse par les liquidateurs qui joindront à leurs bordereaux un certificat constatant leur nomination.

III. — C'est aussi au nom de la masse que sera prise l'inscription dont s'occupe ensuite l'article 490, c'est-à-dire celle sur les immeubles du liquidé. Elle sera reçue sur un simple bordereau énonçant qu'il y a liquidation, et relatant la date du jugement déclaratif.

Cette inscription ne produit point les effets ordinaires de l'hypothèque, mais elle n'en est pas moins nécessaire dans différentes circonstances. Une succession, par exemple, s'est ouverte au profit du débiteur depuis le jugement déclaratif : les créanciers héréditaires ont intérêt à demander la séparation des patrimoines ; mais, s'ils ne l'inscrivent pas sur les immeubles dans les six mois de l'ouverture de la succession, ils ne peuvent venir qu'à la date de l'inscription qu'ils prennent et sont primés par l'hypothèque de la masse qui aurait été inscrite antérieurement.

La loi du 23 mars 1855 sur la transcription a augmenté encore l'utilité de cette inscription. C'est surtout en cas de concordat qu'elle a sa raison d'être.

Est-elle légale ou judiciaire? Judiciaire, répondent certains auteurs, puisqu'elle naît du jugement déclaratif. C'est, selons-nous, une grave erreur. L'hypothèque judiciaire ne naît pas d'un jugement, mais d'un jugement de condamnation, et nous ne supposons pas qu'un Tribunal de commerce, en admettant la requête d'un commerçant honnête et malheureux, prononce contre lui une condamnation.

La question ne se réduit pas à une simple querelle de mots. L'hypothèque judiciaire est toujours générale ; une seule inscription suffit pour frapper tous les immeubles présents et à venir situés dans l'arrondissement. Cette généralité n'est pas au contraire l'un des caractères obligatoires de l'hypothèque légale, et la règle de l'article 2122 du Code civil ne s'applique qu'aux cas prévus par l'article 2121.

Nous rappelant le grand principe de notre régime hypothécaire, c'est-à-dire la spécialité, principe qui doit toujours être observé à moins d'une dérogation formelle, nous déciderons donc que, si l'hypothèque de la masse peut grever non seulement les biens présents mais encore les biens à venir du débiteur, une inscription spéciale est du moins nécessaire sur chaque immeuble.

SECTION IV

DE LA NULLITÉ DES INSCRIPTIONS DE PRIVILÈGES OU D'HYPOTHÈQUES PRISES APRÈS LE JUGEMENT DÉCLARATIF

SOMMAIRE : I. Principe. — II. Inscriptions d'hypothèques. — III. Inscriptions de privilèges. — IV. Transcription d'un contrat de vente : *a*) c'est l'acheteur qui a été admis au bénéfice de la liquidation ; *b*) c'est le vendeur qui y a été admis. — V. Critique.

A partir du jugement qui déclare ouverte la liquidation judiciaire... il ne peut être pris sur les biens du débiteur d'autres inscriptions que celles mentionnées en l'article 4 (article 5).

I. — L'article 448 du Code de commerce s'exprimait d'une manière plus exacte en disant que les droits d'hypothèque et de privilège valablement acquis pourraient être inscrits jusqu'au jour du jugement déclaratif de la faillite. Plus exacte : car, en employant le pluriel, l'article 5 semble avoir en vue les deux sortes d'inscriptions dont parle l'article 4, et il ne peut cependant faire allusion qu'à l'hypothèque de la masse. La disposition de la loi de 1838 et celle de la loi de 1889 ont du reste le même sens.

Cette dernière ne s'applique donc pas aux privilèges et hypothèques nés postérieurement au jugement déclaratif. En vertu du vieux principe, *non sunt bona nisi de-*

ducto ære alieno, les biens acquis par le débiteur après son admission au bénéfice de la liquidation judiciaire ne peuvent profiter à la masse que sous la déduction des charges qui les grèvent.

Voilà pourquoi, comme nous l'avons déjà dit, si une succession s'ouvre au profit du liquidé après le jugement déclaratif, les créanciers héréditaires peuvent demander et inscrire la séparation des patrimoines. Voilà pourquoi, dans le même cas, est permise aux légataires l'inscription de l'hypothèque que leur accorde l'article 1017 du Code civil. Et, pour les mêmes motifs, en vertu de l'article 2109 du Code civil, en cas de partage opéré depuis le jugement déclaratif, le copartageant créancier a le droit d'inscrire son privilège sur les immeubles mis dans le lot du liquidé.

II. — Examinons maintenant le cas prévu par l'article 5.

Et d'abord occupons-nous des inscriptions d'hypothèques.

Sous la loi de 1838, malgré les termes formels de l'article 448, on admettait de nombreuses exceptions à la règle édictée par lui. C'est ainsi qu'on permettait à tout créancier de renouveler une inscription sur le point de périmer, qu'on accordait à la femme et au mineur le droit d'inscrire leur hypothèque légale dans l'année qui suivait la dissolution du mariage ou la cessation de la tutelle.

Ces exceptions existent-elles encore aujourd'hui ? La réponse ne saurait être douteuse, bien que l'article 5 ne reproduise pas la distinction implicitement contenue dans l'article 448 entre les droits anciens et les droits nouveaux. Les inscriptions dont nous venons de parler ne sont pour ainsi dire que des actes conservatoires : elles n'ont pour but que de maintenir un droit déjà acquis. Les interdire serait consacrer une injustice, et oublier le but poursuivi par le législateur qui s'est proposé seulement d'immobiliser les droits de chacun. Il a voulu empêcher l'un des intéressés d'améliorer sa situation au détriment de la masse, mais il n'a jamais songé à compromettre les situations acquises.

L'article 5 s'opposerait au contraire comme l'article 448 au renouvellement d'une inscription après l'expiration des dix années. Sans doute le droit d'hypothèque n'est pas perdu, mais il est considéré comme n'ayant jamais été inscrit et il s'agit pour le créancier d'acquérir un droit de préférence. Même interdiction pour les mêmes motifs est faite à la femme et au mineur relativement à l'inscription de leur hypothèque légale après l'expiration de l'année de la dissolution du mariage ou de la cessation de la tutelle.

Mais doit-on considérer comme conservatoire et par suite permise l'inscription prise par un créancier pour sûreté des intérêts non garantis de sa créance? La controverse sera aussi vive à cet égard sous la loi ancienne que sous la loi nouvelle. Quant à nous, nous avons toujours pensé que cette inscription ne conservait pas un droit préexistant, mais qu'elle en faisait acquérir un nouveau. Elle est sans doute la conséquence du droit principal, mais elle étend en même temps ce droit principal, et c'est cette extension qui s'oppose à sa validité.

III. — L'article 5 concerne les inscriptions de privilège et fait renaître par suite les difficultés soulevées par l'article 448. Une succession s'est ouverte, un partage

17

a été fait avant le jugement déclaratif. Mais, lors de ce jugement, le délai de six mois accordé aux créanciers ou celui de soixante jours concédé au copartageant pour l'inscription de leur privilège, n'est pas expiré. Jusqu'à son expiration, l'inscription pourra-t-elle être prise malgré la situation du débiteur?

Beaucoup de jurisconsultes répondent affirmativement. Quel reproche, disent-ils, peut-on adresser aux créanciers ou au copartageant? Ont-ils fait preuve de négligence? Évidemment non, puisqu'ils sont encore dans les délais légaux. Se sont-ils rendus coupables de quelque fraude? Encore moins. Le partage est un acte nécessaire, et les créanciers de la succession n'ont même pas traité avec le liquidé. L'inscription ne fait que conserver un état de choses préexistant, puisque la garantie remonte à la naissance du droit.

Nous leur répondrons que, si l'inscription n'assigne pas un rang au privilège comme à l'hypothèque, elle n'en joue pas moins un rôle analogue, puisqu'elle est la condition *sine quâ non* du rang. L'article 5 est formel. L'esprit et le texte de la loi sont ici d'accord: il faut donc l'appliquer.

Sans doute, sous l'empire de la loi de 1838, on pouvait quant à la séparation des patrimoines éviter cette solution regrettable et dire: la séparation des patrimoines n'est pas un privilège ; or l'article 448 n'interdisant que l'inscription des droits d'hypothèque et de privilège, l'inscription de séparation des patrimoines est possible. Avec l'article 5, ce dernier argument n'existe plus, puisque cet article, sans entrer dans aucune énumération, prohibe toutes autres inscriptions que celles de l'article 4.

Mais il nous semble difficile de refuser aux archi-
tectes, entrepreneurs et maçons le droit d'inscrire leur
procès-verbal de réception des travaux. C'est en effet
l'inscription du procès-verbal d'état des lieux qui conserve
le privilège, et la seconde inscription n'est qu'une formalité qui a pour but de confirmer une situation déjà
acquise.

IV. — La transcription d'un contrat de vente, dit
l'article 2108 du Code civil, vaut inscription et conserve
le privilège du vendeur. Cette transcription est-elle interdite après le jugement déclaratif? Il faut distinguer suivant que c'est l'acheteur ou le vendeur qui a été admis
au bénéfice de la liquidation judiciaire.

a) — Dans le premier cas, la transcription nous paraît
impossible. Telle n'est cependant pas l'avis de tous, et
cette théorie compte de nombreux adversaires.

Certains, oubliant l'article 2108 du Code civil, prétendent que la loi n'interdit que les inscriptions. D'autres
soutiennent que le vendeur peut faire transcrire son contrat, parce qu'il ne s'agit que d'une formalité ne chan-
geant rien à l'état de choses existant. Jusqu'à la transcription, disent-ils, le vendeur reste propriétaire vis-à-
vis des tiers. Il peut donc revendiquer son bien contre
les créanciers de son acquéreur. La transcription rend
impossible cette revendication, mais le privilège du
vendeur lui permet alors d'arriver au même résultat.

Ce raisonnement pèche par la base. Les tiers, dont
nous parle l'article 3, sont ceux qui ont acquis des droits
du vendeur lui-même, et qui les ont conservés en se
conformant aux lois. Les créanciers de l'acquéreur ne
sont donc point des tiers : la vente est parfaite à leur

égard par le seul consentement comme à l'égard de l'acquéreur. La revendication est impossible. Et la transcription, en faisant naître un privilège au profit du vendeur, leur causerait un préjudice considérable.

Quelques-uns se contentent d'arguments rationnels. Il serait injuste, disent-ils, de priver le vendeur de son privilège, puisqu'il a introduit une valeur dans le patrimoine de l'acheteur. S'il y a quelque fraude, les créanciers auront le droit de faire annuler la vente ; mais, si l'opération est régulière, quel préjudice peut-elle leur causer ?

Nous leur répondrons que la législation en matière de liquidation judiciaire pullule de règles spéciales et rigoureuses. Nous avons vu combien elle était sévère pour le copartageant ou les créanciers héréditaires, pourquoi le serait-elle moins pour le vendeur qui a commis au moins une négligence en traitant avec un insolvable, et en ne remplissant pas immédiatement les formalités légales?

Mais si le vendeur perd son privilège, lorsque l'acquéreur est admis au bénéfice de la liquidation avant la transcription de l'acte de vente, peut-il du moins, en vertu de l'article 1654 du Code civil, demander la résolution du contrat pour non-payement du prix? Cette question a donné lieu à trois systèmes.

Les partisans du premier prétendent que l'action résolutoire disparaît en même temps que le privilège; l'article 7 de la loi du 23 mars 1855 leur semble formel à cet égard. Ceux du second font observer que cet article n'interdit l'exercice de l'action résolutoire que vis-à-vis des tiers qui, ayant acquis des droits sur l'immeuble du chef de l'acquéreur, se sont conformés aux lois pour les conserver. L'extinction du privilège du vendeur n'entraîne donc pas d'après eux à elle seule *erga omnes* celle de l'action résolutoire : il faut se trouver dans certaines conditions pour l'invoquer. Ces conditions, la masse ne les remplit pas par le seul fait de la déclaration de liquidation judiciaire, mais elle les remplit au contraire quand l'inscription de l'article 4 a été prise en son nom. Elle a bien alors un droit sur l'immeuble et s'est conformée aux lois pour le conserver.

Ce système est assurément bien préférable au premier mais il nous semble encore inexact. L'article 7 ne vise que les sous-acquéreurs et leurs créanciers hypothécaires. C'est à leur égard seulement que l'action résolutoire ne peut être exercée après l'extinction du privilège. Et l'on ne saurait étendre cette disposition : car elle édicte une déchéance contre un créancier éminemment favorable, puisque c'est lui qui a mis l'immeuble dans le patrimoine de l'acheteur. Nous déciderons donc qu'à l'égard de la masse l'action résolutoire subsiste après l'extinction du privilège.

Telle est du reste la solution admise par la jurisprudence en cas de faillite, mais elle y arrive par une autre voie. « L'article 7, » dit la Cour de cassation[1], « exige l'extinction du privilège, c'est-à-dire une annulation complète, absolue, ineffaçable. Or, en cas de faillite, l'inefficacité de l'inscription est relative et en certains cas temporaire, puisqu'elle ne peut être invoquée que par la masse, et qu'elle doit cesser d'être applicable, si la faillite vient à être complètement effacée. » Raisonnement subtil, mais inexact ! C'est dans les rapports du vendeur et de la

---

[1] Chambre des Requêtes, 1er mai 1860 (Dalloz, 1860, 1, page 236).

masse que se présente la question de savoir si le droit de résolution subsiste. Or, à l'égard de la masse, le privilège est bien complètement éteint.

b) — Supposons maintenant que c'est le vendeur qui a été admis au bénéfice de la liquidation judiciaire, avant que la transcription ne fût opérée. Cette transcription est-elle encore possible ? On a soutenu la négative en se basant sur les arguments que nous avons nous-mêmes invoqués tout à l'heure. Mais l'affirmative nous paraît préférable : la transcription n'est en effet équivalente à une inscription que quand il s'agit de garantir le privilège du vendeur. Or rien de tel dans le cas qui nous occupe : l'acheteur cherche seulement à mettre son droit de propriété à l'abri des droits réels qui pourraient être pris du chef du vendeur. Appliquer l'article 5 ce serait étendre une disposition exceptionnelle et violer la règle : *exceptio est strictissimæ interpretationis.* Si d'ailleurs l'hypothèque de la masse avait été inscrite avant la transcription, l'acquéreur aurait son bien grevé de la dite hypothèque.

V. — Nous savons bien que le législateur a renvoyé à plus tard la refonte du titre des faillites ; mais, sans donner beaucoup plus d'extension à la loi du 4 mars, il aurait pu du moins en un ou deux articles faire cesser toutes ces controverses, controverses qu'il ne pouvait ignorer, puisqu'elles remontent toutes sinon à la loi de 1838, du moins à celle sur la transcription, c'est-à-dire à l'année 1855. Au lieu de voter le projet Laroze en trois séances, nos députés eussent mieux fait de se souvenir du vieux proverbe : Hâte-toi lentement. Leur œuvre aurait peut-être été alors moins imparfaite.

CHAPITRE V

DE LA NON INFLUENCE DU JUGEMENT DÉCLARATIF DE LIQUIDATION JUDICIAIRE SUR LES ACTES ANTÉRIEURS

Sommaire : I. Effets du jugement déclaratif de faillite sur les actes antérieurs. — II. Suppression de la période suspecte en cas de liqui-dation judiciaire par la Commission de 1884. — III. Exposé du sys-tème de M. Rataud qui veut l'application des articles 446-449 du Code de commerce. — IV. Admission du système contraire. — V. Critique.

I. — Le jugement déclaratif de faillite ne produit pas seulement des effets dans l'avenir, mais il influe encore sur les actes antérieurs. La cessation de payements qu'il constate peut être et est en fait souvent déjà ancienne. Aussi le législateur a ordonné au Tribunal de déterminer soit dans ce jugement, soit dans un jugement ultérieur la date exacte de la cessation des payements. Cette date sert à fixer les limites de ce qu'on appelle la période suspecte, et les articles 446-449 déclarent soit nuls, soit annulables les actes accomplis à cette époque.

Sont nuls de droit relativement à la masse, lorsqu'ils ont été faits par le débiteur depuis l'époque déterminée par le Tribunal comme étant celle de la cessation de ses payements ou dans les dix jours précédents :

1° Tous actes de donation ;

2° Tous payements pour dettes non échues ;

3° Tous payements pour dettes échues faits autre-ment qu'en espèces ou effets de commerce ;

4° Toutes constitutions d'hypothèques convention-
nelles ou judiciaires pour dettes antérieurement contrac-
tées (art. 446).

Sont annulables tous autres payements pour dettes
échues et tous autres actes à titre onéreux accomplis par
le débiteur, si les tiers qui ont traité avec lui ont eu
connaissance de la cessation de ses payements (art. 447).

Peuvent aussi être déclarées nulles les inscriptions
prises après cette époque ou dans les dix jours qui la
précèdent, s'il s'est écoulé plus de quinze jours entre la
date de l'acte constitutif de l'hypothèque et celle de
l'inscription (art. 448).

Ajoutons cependant que l'article 449 n'autorise l'action en rapport, en cas de payement d'une lettre de
change, que contre celui pour le compte de qui elle a été
fournie, et, en cas de payement d'un billet à ordre, que
contre le premier endosseur.

II. — L'article 24 de la loi nouvelle permet-il d'appliquer ces importantes dispositions à la liquidation judiciaire? La Commission de 1884 avait examiné la question et l'avait résolue négativement. A qui en effet doit
être accordé le bénéfice de la liquidation? A des commerçants dont la loyauté est certaine et qui sont venus
se confier à la justice dès qu'ils n'ont pu remplir leurs
engagements. La suppression de la période suspecte,
disait la Commission, aura aussi l'avantage d'accélérer
la marche de la procédure. Les syndics, pensait-elle,
sont gens processifs et engagent à plaisir un nombre
considérable d'instances en nullité. Tout est profit pour
eux dans la circonstance. C'est un moyen d'augmenter
leurs honoraires et ils sont sûrs de ne jamais suppor-

ter les frais. Ainsi est absorbé l'actif et retardé parfois pendant des années le règlement si impatiemment attendu par les créanciers.

Elle faisait enfin remarquer que, si, contrairement à ses prévisions, un débiteur accomplissait quelque acte coupable avant de déposer sa requête, l'article 1167 du Code civil permettrait toujours aux créanciers de le faire annuler. Ils seraient libres d'ailleurs, en invoquant la fraude commise, de réclamer du Tribunal la substitution de la faillite à la liquidation. En cas de faillite en effet étaient maintenues, sauf quelques modifications de détail, la période suspecte et les nullités des articles 446-449.

III. — Qu'a fait le législateur de 1889? M. Rataud [1] estime qu'il a complètement abandonné l'idée de la Commission de 1884 et fait revivre la période suspecte. Il s'appuie sur l'article 19, 2e al., 1°, qui oblige le Tribunal à *déclarer la faillite à toute période de la liquidation judiciaire, si depuis la cessation de ses payements ou dans les dix jours précédents le débiteur a consenti l'un des actes mentionnés dans les articles 446-449 du Code de commerce, mais dans le cas seulement où la nullité aura été prononcée par les Tribunaux compétents ou reconnue par les parties.* Il rappelle que M. Laroze dans son rapport a insisté sur la nécessité de ce débat judiciaire. Ces nullités, dit-il, ne peuvent par suite exister que comme conséquence d'un jugement. Or elles ne découlent pas du jugement déclaratif de faillite, puisqu'elles doivent le précéder : elles résultent donc du ju-

[1] Voir le cours professé par lui en 1889, à la Faculté de droit de Paris.

gement qui admet le négociant au bénéfice de la liquidation.

C'est, toujours d'après M. Rataud, le liquidé assisté de son liquidateur qui devra engager ces instances en nullité, ou plutôt le liquidateur seul, car le liquidé refusera toujours d'intenter une action destinée à le faire déclarer en faillite.

On pourrait peut-être invoquer encore à l'appui de cette thèse l'amendement déposé sur l'article 19 par M. De la Batie, amendement qui avait pour objet d'interdire de reporter à plus de deux ans en cas de liquidation judiciaire comme en cas de faillite la date de la cessation des payements. Cet amendement ne fut point en effet repoussé comme contraire au système admis, mais comme devant rentrer dans le projet complet de la réforme des faillites [1].

IV. — Malgré l'autorité de M. Rataud, nous ne pouvons admettre sa théorie. L'intention primitive des rédacteurs de la loi nouvelle n'était pas douteuse. Dans son rapport du 9 juin 1888 [2], M. Laroze a déclaré formellement que la liquidation judiciaire est établie dans les mêmes conditions que celles adoptées en 1884. N'est-ce pas écarter toute idée de période suspecte, et d'instances en nullité?

Et ce serait par l'article 19, c'est-à-dire par une disposition introduite sans motifs, sans justification, sans discussion, que le législateur aurait modifié de fond en

[1] Voir *Journal officiel* du 21 octobre 1888, Chambre des députés, Débats parlementaires, page 2239.
[2] Voir *Journal officiel*, Chambre des députés, Documents parlementaires de juillet 1888, page 730.

comble l'économie primitive de son projet. Mais alors il aurait obligé les magistrats à fixer la date de la cessation des payements ; il leur aurait permis de modifier cette date par un jugement de report. Il aurait indiqué par qui seraient intentées ces actions en nullité. Après avoir si souvent reproduit littéralement la loi de 1838, après être entré dans tant de détails sur les fonctions des liquidateurs, il ne se serait pas contenté pour une question si grave du renvoi à l'article 24.

Bien plus ! L'article 19 figurait dans le projet primitif, et cependant le liquidateur n'était pas alors investi du droit d'agir seul au refus du liquidé. La Commission avait-elle donc la naïveté de croire que le débiteur se ferait de lui-même déclarer en faillite. Et, quand plus tard le Sénat a permis au liquidateur d'agir au refus du liquidé, s'il avait admis la période suspecte et les actions en nullité, il n'aurait pas manqué de les invoquer pour justifier la dérogation apportée au texte primitif. Au contraire le rapport de M. Demôle ne nous parle que d'actes conservatoires ou du recouvrement de créances exigibles.

Nous ne comprendrions pas du reste de quel droit le débiteur ou, ce qui est la même chose, le liquidateur, puisqu'il agit en son lieu et place, pourraient engager ces instances. Il nous semblerait contraire aux principes généraux de permettre à celui qui a commis la fraude de se prévaloir de cette fraude. Que les syndics invoquent les nullités au nom de la masse, rien de plus juste. Mais les liquidateurs, nous l'avons prouvé, ne sont pas des représentants de la masse ; ils ne peuvent par suite agir au nom de cette masse.

Que de difficultés pratiques d'ailleurs n'engendre pas

le système de M. Rataud! Sous le régime de la faillite, l'instance dirigée par le syndic est opposable à tous. Avec la liquidation judiciaire, si le liquidateur prend l'initiative, les créanciers pourront attaquer la décision rendue. Et, dès qu'elle leur sera défavorable, ils ne manqueront pas de le faire par la voie de la tierce opposition. Permettre au jugement déclaratif d'exercer une certaine influence sur les actes antérieurs, c'est ajourner à jamais une solution que le législateur s'est efforcé de rendre plus prompte et moins coûteuse.

Il faut chercher une autre explication à l'article 19. Pour la trouver, il suffit d'ouvrir le Code de commerce annoté de M. Dalloz. Nous y lisons en effet à propos de l'article 440 que, d'après la jurisprudence, si la déclaration de faillite (une édition plus récente ajouterait : ou de liquidation judiciaire) appartient exclusivement aux Tribunaux de commerce, la juridiction civile et la juridiction criminelle saisies d'une contestation, où se trouve impliqué le fait de la cessation générale des payements d'un commerçant, peuvent le constater et appliquer les nullités des articles 446-449.

C'est cette théorie qu'ont admise les législateurs du 4 mars. Ils ont pensé que l'état de cessation de payements pouvait produire les effets ou du moins certains effets de la faillite, sans jugement déclaratif. Voilà pourquoi ils ont considéré comme possible l'exercice des actions en nullité. Et s'ils ne disent pas qui doit les intenter, c'est que la question a été résolue depuis longtemps par la jurisprudence, qui a toujours reconnu ce droit à chaque créancier. L'article 19 n'est-il pas d'ailleurs assez explicite quand il n'autorise pas le liquidateur à faire déclarer la faillite et réserve ce droit aux créanciers.

V. — L'innovation introduite par la loi du 4 mars n'est pas du reste fort heureuse. La loi de 1838 avait eu raison de charger les syndics d'intenter les actions en nullité plutôt que de laisser ce soin aux seuls créanciers. Ceux-ci ignoreront en effet la plupart du temps les actes frauduleux accomplis par le débiteur depuis la cessation de ses payements ; et, quand bien même ils les connaîtraient, ils hésiteront toujours à intenter un procès : car, c'est à leurs risques et périls qu'il leur faut agir, et, s'ils succombent, les frais sont à leur charge.

Avec la faillite les fraudes étaient du moins réprimées ; avec la liquidation judiciaire l'impunité sera pour ainsi dire accordée à ceux qui auront su dissimuler leurs manœuvres dolosives jusqu'à la présentation de la requête.

C'est un grave abus ; et, pour y remédier, nous ne voyons d'autre moyen que celui que nous avons déjà préconisé, nous voulons dire le mandat conventionnel. Grâce à ce mandat, qui entraînerait peu de frais, les liquidateurs représenteraient la masse, pourraient agir en son nom toutes les fois que son intérêt serait en jeu, et beaucoup d'inconvénients créés par la loi nouvelle seraient écartés.

Telles sont les questions qui peuvent se poser à propos du jugement déclaratif de liquidation judiciaire. Ma tâche est terminée. Je me suis efforcé pendant tout le cours de ce travail de me montrer aussi impartial que possible. Quelques-uns me reprocheront peut-être cependant d'avoir critiqué en termes trop violents la loi du

4 mars et les idées de la Commission de la Chambre. Je leur répondrai qu'à l'heure où j'écris ces lignes l'expérience est déjà faite. Les statistiques ont prouvé que M. le premier Président Larombière avait dit vrai, et que l'idée-mère du projet ne supposait pas une connaissance bien approfondie du cœur humain. L'espérance et la honte ont empêché la plupart des commerçants honnêtes de réclamer à temps le bénéfice de la liquidation. Le nombre des faillites n'a point diminué. Les dividendes payés aux créanciers sont restés aussi minimes. Et les négociants, qui ont eu recours à la loi du 4 mars, se sont aperçus que, si elle leur épargnait des déchéances, elle était loin de supprimer les frais et les lenteurs de la procédure.

Nos législateurs auraient mieux fait d'écouter M. De la Batie et d'ajouter seulement un article à la loi électorale. La loi de 1838 formait un tout, et on ne devait pas la modifier partiellement. Voilà pourquoi la loi de 1889 est une œuvre boîteuse. Voilà pourquoi jurisconsultes et magistrats doivent aujourd'hui constater à regret qu'elle fait naître un grand nombre de questions, auxquelles la Chambre et le Sénat n'avaient même pas songé, se figurant sans doute que l'article 24 suffisait pour trancher toutes les difficultés.

Qu'il me soit donc permis d'espérer en terminant que des voies plus autorisées que la mienne reprendront les critiques que j'ai formulées, et que les commerçants français ne devront pas encore une fois attendre cinquante ans une réforme et une bonne réforme de la législation des faillites.

POSITIONS

DROIT ROMAIN

I. — Sous Tarquin l'Ancien il y avait déjà dix-huit cents chevaliers romains.

II. — Le cens équestre n'a existé qu'au IVe siècle de Rome.

III. — Le cens de chaque classe fut d'abord exprimé en surfaces de terre.

IV. — Les chiffres des classes qui nous sont parvenus sont exprimés en as sextantaires.

V. — Les centuries Serviennes étaient au nombre de cent quatre-vingt-treize.

VI. — Le *tributum ex censu* est un véritable impôt.

VII. — L'*auctoritas Patrum* est une vieille prérogative des sénateurs patriciens.

VIII. — La réforme des centuries a été accomplie par le censeur Caïus Flaminius en 534 de Rome.

IX. — Après la réforme, les quatre dernières classes comprenaient cent centuries divisées en deux cent quatre-vingts groupes tribuaires de centuries.

DROIT COMMERCIAL

I. — Le tribunal de commerce est obligé de prononcer la faillite, si, lors de la présentation d'une requête pour obtenir le bénéfice de la liquidation judiciaire, il s'aperçoit que la cessation des payements remonte à plus de quinze jours.

II. — Les liquidateurs ne représentent pas la masse.

III. — Le liquidé n'est pas dessaisi de l'administration de ses biens.

IV. — Les créanciers chirographaires ne peuvent pas continuer après le jugement déclaratif de liquidation judiciaire les poursuites commencées antérieurement.

V. — Le jugement déclaratif de liquidation judiciaire est sans influence sur les actes antérieurs.

VI. — Bien que le jugement déclaratif de liquidation judiciaire rende exigibles les créances à terme, cette exigibilité ne permet pas aux hypothécaires et aux gagistes, dont les créances n'étaient pas échues lors de ce jugement, de procéder à des voies d'exécution.

VII. — Un banquier, qui escompte la veille du jugement déclaratif de liquidation judiciaire un billet souscrit par le liquidé, peut produire pour le montant intégral du billet.

VIII. — Une inscription ne peut pas être prise après le jugement déclaratif par un créancier hypothécaire sur les immeubles du liquidé pour sûreté des intérêts non garantis de sa créance.

IX. — Un copartageant du liquidé ne peut pas inscrire son privilège sur les immeubles de ce dernier après le jugement déclaratif, si le partage est antérieur à ce jugement.

X. — La transcription d'un contrat de vente est impossible après la déclaration de liquidation judiciaire de l'acquéreur, mais le vendeur peut exercer l'action résolutoire.

DROIT CIVIL

I. — Les enfants naturels reconnus peuvent être adoptés par leurs auteurs.

II. — Un ascendant ne peut pas réclamer, en vertu de l'article 747 du Code civil, des choses par lui données à son descendant, si, après être sorties du patrimoine du donataire, elles y sont rentrées par suite d'une acquisition nouvelle.

III. — Les enfants, qui ont renoncé à la succession d'un de leurs auteurs, n'en font pas moins nombre pour la computation de la réserve.

HISTOIRE DU DROIT

I. — Le régime de la communauté de biens a sa source dans les traditions germaniques.

II. — L'institution contractuelle n'a pas une origine romaine, mais une origine germanique.

DROIT CONSTITUTIONNEL

I. — Le système de la dualité des Chambres offre plus d'avantages que celui de l'unité.

II. — La compétence du Congrès ne peut être limitée par un vote antérieur des Chambres.

DROIT PÉNAL

I. — La peine de mort est légitime.

II. — Le fonctionnaire est responsable de ses abus de pouvoir ; et les citoyens, qui en ont été victimes, pourront se pourvoir devant les Tribunaux et se faire allouer des dommages-intérêts.

DROIT INTERNATIONAL

I. — Les étrangers jouissent en France de tous les droits privés à l'exception de ceux qui leur sont refusés par une disposition précise de la loi française.

II. — Les agents diplomatiques peuvent être assignés devant les Tribunaux civils du pays où ils exercent leurs fonctions.

Le Président de thèse,
F. ARTHUYS.

Le Doyen,
LÉOPOLD THÉZARD.

Vu et permis d'imprimer
Poitiers, le 28 mars 1890.

Le Recteur,
ED. CHAIGNET.

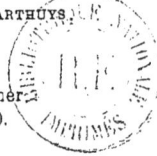

TABLE DES MATIÈRES

DES CENTURIES

DES EFFETS DU JUGEMENT DÉCLARATIF

DE LIQUIDATION JUDICIAIRE

Tours. — Imp. Deslis Frères, rue Gambetta, 6.

www.ingramcontent.com/pod-product-compliance
Lightning Source LLC
Chambersburg PA
CBHW070241200326
41518CB00010B/1640